社会性を育てる スキル教育 35時間

総合・特活・道徳で行う年間カリキュラムと指導案

國分康孝 監修　清水井一 編集

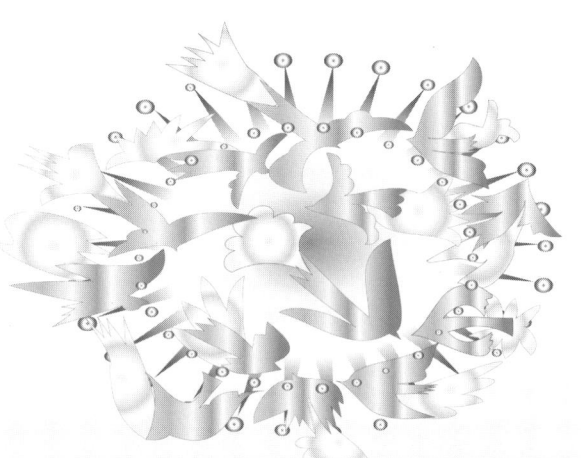

図書文化

中学1年生

監修者のことば

　編者の清水井一は考える。「サイコエジュケーションこそ教師だからこそできるカウンセリングである」と。ここでいうサイコエジュケーションは構成的グループエンカウンター，キャリア教育をも含む人間育成のプログラムの展開のことである。
　私が本書の監修者をつとめたおもな理由は次の2つになる。

1　現行のスクールカウンセリングは「治すカウンセリング」の専攻者が独占している。ところが学校現場で必要なものは「育てるカウンセリング」である。「育てる」とは，清水が各学年ごとに年間35回のプログラムで示しているような「子どもの発達課題に応える予防開発的で能動的な働きかけ」をする教育である。すなわち，教育職の旗幟を鮮明にしたことに私は賛同したからである。
2　心理職は個別面接方式を主軸にするが，学校教育はプログラムの展開というグループアプローチを主にするのでなければ効果はあがらない。アメリカのスクールカウンセリングはそう考える。私もそう考える。

　「個別面接方式」から「プログラム方式」へという，心理職偏向からの脱却を教育職が宣言している。それが本書である。私はそう理解して清水の企画をサポートしてきた。

　最後に今後の課題を提言したい。それは本書の示すようなプログラムが展開できる教育職の育成である。その原理はひとつにつきる。すなわち教育（子どもの社会化）とカウンセリング（一人一人の心情・事情を考慮する）の両方になじみのある教育者の育成ということである。そのための不可欠の方法が2つある。カウンセリングスキルと構成的グループエンカウンターの体験学習である。

　私は75歳のいまでも，陸軍幼年学校がもし再興されるのなら生徒に戻ってあの教育を受けたい，という思いが常にある。そのわけを説明した拙著が『範は陸幼にあり』（講談社，1997）である。陸幼の教育をいまも私が懐かしく思うのはグループが人を育てるということを体験学習したからだと思う。清水井一は「範は学校で行うサイコエジュケーションにあり」をめざして教諭・指導主事・校長のキャリアを展開してこられた教育カウンセラーである。本書のプログラム方式が日本で広く試されることを願っている。

NPO日本教育カウンセラー協会会長／東京成徳大学教授　國分康孝 Ph.D.

社会性を育てるスキル教育 35時間 ◆中学1年生◆

監修者のことば　3

第1章　社会性を育てるスキル教育の進め方

　第1節　『社会性を育てるスキル教育』の定義と意義　8
　第2節　どのように教育課程の中に位置づけるか　10
　第3節　実践の手順　12
　第4節　授業に必要なカウンセリング基礎知識　14
　第5節　本時を生かした日常指導　17

第2章　社会性を育てる授業の指導案35

1・2 ──────────────────────── 22
リズムにのって"はじめまして"──中学校生活を知ろう①

3 ──────────────────────── 26
インタビューによる他己紹介──中学校生活を知ろう②

4・5 ──────────────────────── 30
私は部活リポーター──中学校生活を知ろう③

6 ──────────────────────── 36
いいとこさがし──お互いのいいところを見つけて認め合おう

7 ──────────────────────── 40
校内オリエンテーリング──班員で協力して問題を解こう

8 ──────────────────────── 44
感じのよいあいさつ──マナーを身につけよう①

9 ──────────────────────── 48
話の上手な聴き方──マナーを身につけよう②

10 ──────────────────────── 52
温かい言葉かけ──マナーを身につけよう③

| 11 | 56 |

「はい！」の言い方──気持ちのよい返事

| 12 | 60 |

ものは言い方──好ましいコミュニケーション

| 13 | 64 |

友達にタバコを誘われたら──こんなとき，どうする？①

| 14 | 68 |

薬物の誘惑から身を守ろう──こんなとき，どうする？②

| 15 | 72 |

「不安や悩み」を考えよう──ロールプレイを通して心情を考える

| 16 | 76 |

合唱祭に向けて目標をつくろう──パート仲間で協力しよう

| 17・18・19 | 80 |

合唱祭に向けて協力しよう──共同コラージュ作りを通して

| 20 | 88 |

頼み方の基本──上手な頼み方①

| 21 | 92 |

断られたとき──上手な頼み方②

| 22 | 96 |

相手の気持ちを聞き取ろう──友達の問題を解決する方法①

| 23 | 100 |

問題を解決させる会話の仕方を学ぼう──友達の問題を解決する方法②

| 24・25 | 104 |

「20の私」で探る「私はだれか」──自分を見つめてみよう①

| 26・27 | 110 |

みんなの「ほめ言葉」で探る「私はだれか」──自分を見つめてみよう②

| 28 | 116 |

生活を見直そう──生活アンケートから考えよう

| 29 | 120 |

キャリアって何だろう──地域の先輩に学ぶ

30 ———— 124
　私の大事なもの──人生規範の羅針盤

31 ———— 128
　「いじめ」について考えよう──学年全体で行う寸劇を通して

32 ———— 132
　善悪の判断を身につけよう──非行を防ぐために

33 ———— 136
　課題をよりよく解決しよう──班員全員の「合意」のもとで

34 ———— 140
　本について語り合おう──ブックトークを通して発表の基本を学ぶ

35 ———— 144
　クラスの仲間からのメッセージ──私の成長

あとがき　148

第1章

社会性を育てるスキル教育の進め方

● 第1章　社会性を育てるスキル教育の進め方

第1節　『社会性を育てるスキル教育』の定義と意義

●学校教育と社会性の育成

　社会性とは，集団を作って生活しようとする人間本来の性質です。本書では，

> 「社会生活を営んでいくために必要なコミュニケーション能力，実践力，社会適応，集団適応，規範意識等，とくに，『将来展望性』に焦点を当てた諸能力や資質の総体」

と定義します。

　児童生徒の社会性を育み，高めていくには，学校内外において他者との人間関係を構築する力や調整していく能力，集団生活に適応するための能力を身につけさせていかなければなりません。児童生徒は，さまざまな社会化の過程を通して，人と社会への関心，社会的価値の内面化，社会的役割の取得，好ましい人間関係の形成と維持等，多くの社会的資質・社会的行動を獲得し，やがては社会の一員として自己実現をしていきます。

　これからの教育では，一人一人の児童生徒の人格を尊重し，個性の伸長を図りながら，社会的な資質や行動を高めるような指導・援助をさらに充実することが求められています。

　そのためには，児童生徒が，発達段階に応じて所属する学年にふさわしい社会性を身につけ，行動できることが大切であり，これこそが学校教育の果たすべき重要な教育機能であると認識されなければなりません。

●児童生徒たちの実態からカリキュラム化へ

　埼玉県教育心理・教育相談研究会（清水が会長）では，中学3年生まで全員平成生まれとなった平成16年に，学校生活のなかで気になる児童生徒の事例を「平成の子どもたち」としてまとめました。

　取り上げた事例から，現在，小・中学校でみられる諸問題は，児童生徒の人間関係のト

ラブルに起因しているものが多いことがわかりました。問題によっては個別の対人関係のこじれが，担任教師や学級集団を巻き込んで事態を悪化させていることもあります。また児童生徒間のトラブルを当事者同士で解決できないばかりか，保護者同士のいがみ合いにまで発展してしまうことも，けっして特別なことではなくなっていることがわかりました。

　本研究会では，現代の児童生徒の課題を社会性の欠如としてとらえ，児童生徒における社会性育成のために，発達段階に即した学年ごとの指導のあり方と年間指導計画（カリキュラム）の開発を行いました。小学校1年生から中学校3年生までの9カ年を系統的に指導するなかで，社会性を育むためのスキル教育を身につけさせていくことが必要です。

●実施のための前提条件

　本書は，それぞれ学年ごとのカリキュラムとなっていますが，授業に取り入れて実践していく際には，学年にかかわりなく次の3つの留意点があります。

> ① 本書の内容は「指導者がカウンセリング研修初級程度を修了している」という前提で執筆されています。そのため，カウンセリングの専門用語をいくつか使っています。
> ② 学級集団を基本単位として指導していく内容になっています。当然のことですが，集団指導が成立しているうえでの実践となります。
> ③ 学級の児童生徒たちが人を傷つけない，指導者（教師）の指示に従う，話をしっかりと聞くという約束事が守られることが前提となります。

　さらに，本書で紹介している授業は，カウンセリング技法を基盤に構成されていますが，厳密には，各種技法の原則に則っていない場合もあります。それは，時間的な制約（中学校では，50分授業が基本）のなかで評価することや，「社会性を育むためのスキル教育」というねらいがあるためです。各種技法も折衷的になっているものもありますが，1校時時間の大きな流れは，可能なかぎり基盤となる技法に配慮しています。

●第1章　社会性を育てるスキル教育の進め方

第2節　どのように教育課程の中に位置づけるか

●教育課程に位置づける工夫

　本書では，年間35時間の「総合的な学習の時間」のなかで，社会性を育てるスキル教育をしていくことを前提としています。

　授業に取り入れるカウンセリング諸技法は，「社会性」育成の観点（とくに「将来展望性」につなげるもの）で構成され，例えば，構成的グループエンカウンターを基盤とした授業プログラムを実施することが，社会性のどの部分を育むことになるのか，明確にしました。

　また，授業のなかで育てる社会性の具体的なねらいを，それぞれの学年における年間指導計画一覧表にまとめ，見やすく整理しました。

●カリキュラムの目標と学校教育の目標

　埼玉県では，平成17年度より「3つの達成目標」『規律ある態度の育成』を実施しています。「3つの達成目標」『規律ある態度の育成』には，発達段階に応じた6項目12の達成目標があげられていますが，例えば次のようなものです。

　○けじめのある生活ができる
　　1．時刻を守る（自立心が育ちます）
　　2．身の回りの整理整頓をする（物を大切にする心が育ちます）
　○礼儀正しく人と接することができる
　　3．進んであいさつや返事をする（明るい心，感謝する心が育ちます）
　　4．ていねいな言葉づかいを身につける（思いやりの心が育ちます）
　○約束やきまりを守ることができる
　　5．学習のきまりを守る（学習意欲が育ちます）
　　6．生活のきまりを守る（公共心，公徳心が育ちます）

本書で紹介している授業の内容は，これらに対応できるカリキュラムとなっていますが，全国的にみても，参考になるのではないかと思います。一例をあげれば，「礼儀正しく人と接することができる」～『進んであいさつや返事をする』『ていねいな言葉づかいを身につける』～に対して，ソーシャルスキルトレーニングを基盤とした授業を紹介しました。

●実態に応じて変更する

　「総合的な学習の時間」のねらいや授業内容は，それぞれの学校事情により大きく異なっていると思います。そこで，個々の学校の実態に応じて，カリキュラム内容を使いやすく変更できるように配慮しました。

　本書の授業時数35時間が確保できない場合には，各種ガイダンスや特別活動（学級活動），あるいは道徳の授業等を運用することで，実施が可能です。それでも困難な場合には，35時間分の中から，各学校で必要とされるスキルについて取り出し，数時間分なり，十数時間分を組み合わせて実施してください。

●指導者に必要な力量

　まったく同じ授業を行ったとしても，授業者の指導力により，ねらいとする効果は大きく異なってくることが予想されます。本書で取り上げた授業は，基本的に授業等で一斉指導を行うのに十分な指導力のある授業者が実施するという観点で書かれています。集団指導の力量は先に前提条件として述べましたが，このほかにも，授業で使われるカウンセリング技法によっては，得手不得手があることと思います。授業者自身が得手不得手を踏まえたうえで，教室で実施してください。

　また便宜上，授業に番号をつけましたが，このとおりの順番で実施していく必要はありません。各学校の事情に合わせて入れかえてください。

第3節 実践の手順

●組織的な指導計画が必要

　学校では，授業をはじめ，仕事（係・当番活動，諸行事等），クラブ・部活動への参加体験が，人間関係構築にかかわるさまざまな社会的技能（ソーシャルスキル）獲得の場となっています。また，どのようにスキルが獲得されるかは所属集団との関連も深く，目的・時間・場の共有化，仲間意識（絆）が深まるなかで強化されていきます。

　学校は，児童生徒の社会性を高めるためのカリキュラムを開発したり，望ましい集団生活の場を保証していかなければなりません。そのためには，「特別活動」「道徳」「総合的な学習の時間」などを活用します。授業時間の中で，いつ・どこで・だれが・どんな活動を通して・生徒にどのような能力をつけさせていくのか，という具体的な指導計画を立案し，着実に実践していく必要があります。

●「総合的な学習の時間」に位置づける考え方

　本書では，「総合的な学習の時間」において，生徒に必要とされるスキルを系統的に学ばせていくことができます。現行の学習指導要領の「総則」では，「総合的な学習の時間の取り扱い」の中で，ねらいと指導について次の2点をあげています。

① 「自ら課題を見付け，自ら学び，自ら考え，主体的に判断し，よりよく問題を解決する資質や能力を育てること。」

② 「学び方やものの考え方を身に付け，問題の解決や探究活動に主体的，創造的に取り組む態度を育て，自己の生き方を考えることができるようにすること。」

　また，平成15年12月26日付で，小学校，中学校，高等学校ならびに盲学校，聾学校および養護学校の学習指導要領等の一部を改正していますが，「総合的な学習の時間の一層の充実」として4つの規定が加えられました。

　社会性を育てるためのスキル教育は，先にあげた「総合的な学習の時間」の「ねらいと

指導」の2点目,「学び方やものの考え方」の基礎となる,対人関係にかかわるスキルを体験的に学ばせる場と時間を,児童生徒に保証していくものです。

●カリキュラムの一貫性と系統性

　社会性にかかわるさまざまなスキルは,授業ならびに学校生活を支えるものです。小学校1年生から取り組まなければ,児童生徒が十分身につけることはできません。

　従来は,学級裁量の時間や,短学活,道徳の授業や特別活動（学級活動）,さらには,放課後の時間等を使いながら,学級ごとの個別的な取組みが行われてきました。しかし年度がかわり教師がかわると,いったん途切れてしまうため,児童生徒の社会性が十分に定着してきたとはいえません。

　そこで,小学校から中学校までの9カ年を通し,発達段階に応じた社会性を育成していくためのスキル教育をカリキュラム化します。そうすれば,教師が交代しても児童生徒は一貫性のある教育を受けることができ,社会性を高めていくことができるのです。

●人間関係の構築力と調整力を育てる

　学校は,生徒にとって,どのような場所となっているのでしょうか。学級は,生徒本人の意思や希望に関係なく編成されていますから,年度当初は,集団成員間に個人的な好き嫌いがあるのは自然なことです。大切なのは,そのなかで人間関係を構築・調整していけるかどうかということです。同級生や先輩・後輩,教師等と,必要に応じて,時と場と相手にふさわしい言動をとることができるかどうか,ということです。そのようなことができる,コミュニケーションを核とした社会適応・集団適応のための諸能力を,生徒が身につけていくことが求められています。

　「広く,浅く,表面的につき合う」という傾向が強まっています。生徒の人間関係構築力や調整力等の低下が予想されます。それを防ぎ,再構築するために,どのような方策があるのでしょうか。

　これまでに学校教育のなかに取り入れられてきたカウンセリング諸技法の成果を生かし,児童生徒の社会性を育成していくために,授業で実践可能な年間指導計画と授業案を,広く紹介していくことが本書の目的です。

　実践される先生方には,このような問題意識をもち,カウンセリングの諸技法を熟知したうえで,スキル教育を実践し,生徒の社会性を育てていただきたいと思います。

●第1章 社会性を育てるスキル教育の進め方

第4節 授業に必要なカウンセリング基礎知識

●プログラムを支える理論・技法

　本書では，社会性を「社会生活を営んでいくために必要なコミュニケーション能力，実践力，社会適応，集団適応，規範意識等の諸能力や資質の総体」と定義しました。具体的には，学校生活での人間関係に必要とされる能力，集団生活に適応するための能力や資質全体を体系的に取り上げていきます。

　これらの力を身につけさせるためには，1回の授業では不十分で，何度も繰り返して取り組まなければなりません。また，1学年だけで取り組むのではなく，9カ年という時系列の中で反復し，より強化していくことで効果が上がります。

　1年間の「総合的な学習の時間」で35時間の授業をすれば，9年間では315時間の学びの場があることになります。このように長期的な実践を積み上げていくことが，児童生徒の社会性を育む一助になるのです。

　授業における題材（プログラム）や使う技法については，重複することもありますが，できるかぎり縦横の調整を行いました。

●構成的グループエンカウンター(Structure Group Encounter)

　エンカウンターとは，個々が本音を表現し合い，それを相互に認め合う体験のことです。國分らの提唱する構成的グループエンカウンターとは，リーダーの指示した課題をグループで行い，そのときの気持ちを率直に語り合うこと（心と心のキャッチボール）を通して，エンカウンター体験を深めていくものです。

　学校で行う際には，教師がリーダーとなり，エクササイズを実施し，集団でエンカウンターを体験してきました。心を育てる目標で広く行われるようになってきましたが，提唱者としては國分康孝が第一人者として知られています。

　エクササイズは，自己理解・他者理解・自己受容・感受性の促進・自己主張・信頼体験

という6つのねらいを満たすように用意されています。人間関係づくりの行動を学ぶ構成的グループエンカウンターは，人間関係づくりに関して，教育現場のニーズに対応できるエクササイズを豊富にもっています。

●ソーシャルスキルトレーニング(Social Skill Training)

困難な状況を，「ソーシャルスキル」と呼ばれるコミュニケーション技術でとらえ，その技術を向上させることで，困難を解決しようとする技法です。現在，統合失調症の治療から通常教育にまで幅広く利用されています。コーチング，アサーショントレーニング，問題解決技法などとも関係があります。

ソーシャルスキルは，そのテーマを自由に選ぶことができ，またトレーニングの方法も多彩ですが，基本的な流れは，『インストラクション→モデリング→リハーサル→フィードバック→定着化』となっています。

●アサーション(Assertion)

アサーションを日本語に訳すと「（自己）主張」となります。ここでいう「主張」とは，自分勝手・攻撃的・策略的なものではありません。「アサーション」とは，自分の感じていることや気持ち，考えていることなどを，自分も相手も共に大切にする関係のなかで，誠実に率直に伝えていくこと。アサーティブとは，人に対して率直な対応をし，そのことで対等な人間関係を築いていくことです。

「言いたいことが言えない」「断りたいのに断れない」等，相手の気持ちばかりを優先させてしまうコミュニケーションの方法を見直し，「自分の感じ方や考え方を大切に」自分の人生を自分で選び取っているという感覚や，自分自身の中の力に気づかせていきます。

●ガイダンス(Guidance＝指導)

広義には，児童・生徒・学生が，学習・進学・就職などの面で，その個性や能力を最大限に発揮できるよう導く教育活動のすべてを指します。

ガイダンスは，アメリカにおいて「職業指導」として定着，発展してきました。その後，取り扱う領域を社会性，人格，健康，余暇などに関する指導へと拡大し，現在は，個々の生活（人格と行動のすべての面を含む）に指導の手が差し伸べられるようになりました。

カウンセリングの歴史（源流）においても，「職業指導運動」「心理測定運動」「精神衛生

●第1章　社会性を育てるスキル教育の進め方

運動」の3分野が合流して、カウンセリングという新分野が形成された経緯をもっています。

教育の機能のひとつとして欠かすことのできないガイダンスですが、学校における生徒指導という視点でなされている指導は、次の6つです。

　○学業指導　　　○進路指導　　　○個人的適応指導
　○社会指導　　　○余暇指導　　　○健康・安全指導

●ピアサポート(Peer Support)

ピアサポートのピアとは、「仲間」を意味します。サポートは「援助」です。ピアサポートとは、生徒自身が生徒同士でお互いの心をサポートし合うという活動です。悩みを抱えて困っている生徒が、親や先生、周りの人に心の中を打ち明けることができないときなど、カウンセリングの研修を受けたピアサポーターの生徒が相談にのり、一緒に話し合うなかで、問題の解決に向けた手助けをしていきます。

●メンタルヘルス(Mental Health)

現代社会において、うつ病や摂食障害などに代表される「心の病気」は大きな社会問題となっています。本人の心のキズ、家族の気持ちなど、薬の力だけでは対処できないさまざまな問題が数多く残されています。メンタルヘルスは、「心の病気」の原因となる「悩み」「苦しみ」「不安」などのストレスの原因を、自分自身の手で上手にコントロールし、心の健康を維持させます。

●ロールプレイ(Role Play)

ロールプレイ(役割演技)とは、人工的に作られた場において役割を演ずることによって、個人に洞察をもたらす心理療法および教育方法の一技法です。「ロール」とは役割、任務をさすもので、演ずることによって、個人内で発展・成長します。現在、学校カウンセリングの研修の場において、教師や生徒、生徒同士の関係の理解のために活用されています。

本書ではこれらの技法を授業の中で実施するために、学校現場で使いやすいように変更しています。必要とされる時間やプログラムの流れを変えているため、本来の趣旨とは異なっていることもあります。

第5節 本時を生かした日常指導

　第2章では，社会性を育てるためのスキル教育を「総合的な学習の時間」の年間指導計画に位置づけて紹介しています。年間35時間の時間とは別に，特別活動（学級活動）や道徳の時間，また，体験学習や学校行事の時間などとリンクさせていくと効果的です。

●学校の日常活動との関連づけ

　朝読書の時間，給食の時間，清掃の時間で指導します。また，生徒会活動の専門委員会活動，生活委員会・環境委員会・給食委員会・体育委員会など，生徒の自主的な活動の場でも取り入れることが大切です。

●体験的な学習との関連づけ

　発達段階に応じた学年別の体験的学習でも活用します。
- 1年生では，自然体験学習（オリエンテーション），地域清掃奉仕活動（地域ローリング作戦），社会体験学習（2デイズ チャレンジ）
- 2年生では，上級学校訪問，大企業訪問
- 3年生では，大使館訪問，修学旅行

などの学習とリンクさせることで，効果が期待されます。

●第1章 社会性を育てるスキル教育の進め方

社会性を育てるカリキュラム（中学1年生）

時	タイトル	身につけさせたいスキル等	ねらい
1・2	リズムにのって"はじめまして"	適応力，自己紹介，他者紹介	担任をよく知ることで不安を軽減させる。級友同士を早くなじませ良好な人間関係を構築する機会とする。
3	インタビューによる他己紹介	インタビュー方法，他者紹介	インタビューゲームを通して，自己理解・他者理解を深めていくとともに，新しい出会いを大切にさせる。
4・5	私は部活リポーター	適応力，インタビュー方法，発表力	取材することで，学級によりよい情報を提供し，望ましい入部選択ができるようにする。
6	いいとこさがし	他者理解，自己理解，自己洞察	他人のいいところを見つけ，自分のいいところに気づき，自分の長所を発見することができるようにする。
7	校内オリエンテーリング	規範意識，協力性，課題遂行力	校外学習に向けて，小集団で協力して取り組む課題を通し，ルール遵守の気持ちと班の協力性を高める。
8	感じのよいあいさつ	礼儀，あいさつの仕方	相手や時，場所に合ったあいさつの仕方を身につけ，よいあいさつ，進んであいさつができる生徒を育てる。
9	話の上手な聴き方	話の聴き方，共感性	人の話に注意深く耳を傾けることの大切さに気づき，「聴く」ことを意識的に行うルールとマナーを学ぶ。
10	温かい言葉かけ	言葉遣い，思いやり	言葉かけの影響について知り，温かい言葉かけをするためのスキルについて理解し，使えるようにする。
11	「はい！」の言い方	礼儀，返事の仕方	気持ちのよい返事はどのようなものかをロールプレイを通して体験的に学ぶ。
12	ものは言い方	コミュニケーション，相互理解	「ものは言い方」の意味を理解させ，望ましいコミュニケーションのとり方について体験的に学ぶ。
13	友達にタバコを誘われたら	規範意識，善悪の判断，決断力	自分の意思で決定することの大切さを学び，タバコを勧められたときの上手な断り方(スキル)を習得する。
14	薬物の誘惑から身を守ろう	規範意識，善悪の判断，決断力	ロールプレイを使って，薬物乱用に誘われたときの，有効な対処の仕方(スキル)を身につける。
15	「不安や悩み」を考えよう	他者理解，思いやり	心理劇を通して，不安や悩みの共通性や特徴に気づかせ，周囲の人の気持ちを理解させる。
16	合唱祭に向けて目標をつくろう	協調性，役割遂行力	合唱祭へ向けての意欲を高めていくとともに，各自の思いを共通の目標に練り上げていく。
17・18・19	合唱祭に向けて協力しよう	協調・協力性，相互理解	協働作業を通して，パートのイメージを広げ，共同意識をもたせるとともに，パートの一体感をもたせる。

時	タイトル	身につけさせたいスキル等	ねらい
20	頼み方の基本	表現力，人間関係調整力，礼儀	人に頼むときには，どのように自分の思いを伝えたらいいか，人間関係の「頼む」というスキルを学ぶ。
21	断られたとき	表現力，人間関係調整力，礼儀	頼むときにしてはいけないこと，心構えを考えさせることで，頼むときの適切な関係を習得させる。
22	相手の気持ちを聞き取ろう	他者理解，共感性	非言語的表現から相手の気持ちを聞き取ることができるスキルについて，ロールプレイを通して学ぶ。
23	問題を解決させる会話の仕方を学ぼう	他者理解，共感性，会話力	相手の不安や悩みを共感的に受け止め，解決方法を本人に考えさせる会話のスキルを身につけさせる。
24・25	「20の私」で探る「私はだれか」	自己理解，自己洞察	自己理解(自己概念)の大切さを理解させ，5つの側面から自分の特徴を明確化させる。
26・27	みんなの「ほめ言葉」で探る「私はだれか」	自己理解，自己洞察，他者理解	他者から見た自分への見方(他者概念)を参考に，自分を異なる観点から考え自己理解を深める。
28	生活を見直そう	発表力，会話力，協力性	学校生活についてアンケートで振り返り，生活するうえでの課題を発見し，その解決方法を考える。
29	キャリアって何だろう	礼儀，話の聞き方，進路選択	地域の先輩のキャリア紹介を聞き，自分のキャリアについて考え，将来への展望を高める。
30	私の大事なもの	会話力，発表力，協調性	自分が大人になったときどのような価値観を大切にしたいか考えさせ，友達の価値観も知る。
31	「いじめ」について考えよう	正義感，善悪の価値観，他者理解	学校生活上の諸問題の寸劇を通して，「いじめ」は絶対に許されない行為であるという価値観をもたせる。
32	善悪の判断を身につけよう	正義感，善悪の価値観，規範意識	どんな行為が犯罪となるかを考え，意見を交換する中で，犯罪行為を判断できる知識を身につける。
33	課題をよりよく解決しよう	自己主張，判断力，協調性	自分の考えを大切にしつつ，他者の意見を受け入れ，よりよいコミュニケーション能力を身につけさせる。
34	本について語り合おう	発表力，話の聞き方，会話力	「朝の読書」で読んだ本について話をし，また級友の本の紹介を聞くことで読書意欲を高める。
35	クラスの仲間からのメッセージ	感謝，自尊心，自己理解	級友の言葉から自分の成長を確認し，友達を肯定的に見ていく気持ちを育てる。

●第1章　社会性を育てるスキル教育の進め方

●社会性を育てるカリキュラム（中学2年生）

時	タイトル	身につけさせたいスキル等
1	さあ，今日から中堅学年	適応力，将来展望性
2	こんな学級にしよう	協力性，自己決定
3	後輩に優しく接しよう	思いやり，言葉遣い
4	ディベートをしよう①	論理的な思考力，発表力
5	ディベートをしよう②	
6	めざせ！漢字マイスター	話し方，聴き方，協調性
7	友達に交際を迫られたら	異性理解，断り方
8	感じのよいあいさつ	礼儀，あいさつの仕方
9	上級学校訪問に向けて	マナー，将来展望性
10	疑似体験で学ぶ	思いやり，他者理解
11	体育祭への不安や課題の解決	問題解決能力，集団への帰属
12	あなたも清掃マイスター	基本的生活習慣，計画性
13	交通マナーについて	規範意識，ルールとマナー
14	失敗に学ぶ　テスト勉強編	自己指導能力
15	私のライフプラン	自己肯定，将来展望性（目標）
16	相手が話しやすい態度とは？	聞き方，伝え方
17	今年の夏こそ……	自己指導能力，計画性

時	タイトル	身につけさせたいスキル等
18	誘惑に負けない	善悪の判断，強い意思
19	修学旅行に向けて①	規範意識
20	修学旅行に向けて②	協力性
21	修学旅行に向けて③	危機対応
22	誕生日は家族に感謝	気持ちの伝え方，感謝
23	上手なコミュニケーション	コミュニケーション能力，意思伝達
24	注意！ネット生活の落とし穴	ネチケット（ネット上のマナー）
25	砂漠の救助リスト	集団の意思決定
26	君ならどうする？	他者理解，協調性
27	私の大切なもの	自尊感情，自己肯定感
28	どの人をわが社で採用しようか？	基本的生活習慣，言葉遣い
29	サイレント・ピクチャー	自己表現，協力性
30	学級アルバムを残そう①	所属感，集団性
31	学級アルバムを残そう②	
32	The 新聞紙	協調・協力性，自己開示
33	3年生への準備をしよう	自己指導能力，計画性
34	卒業生に感謝の心を伝えよう	表現力，集団性
35	4月までにやっておくこと	将来展望性，計画力

●社会性を育てるカリキュラム（中学3年生）

時	タイトル	身につけさせたいスキル等
1	他己紹介をしよう	自己紹介，他者紹介
2	高め合う学級づくり①	協力性
3	最上級生としての心構え	リーダー性，責任感
4	高め合う学級づくり②−1	共感性
5	高め合う学級づくり②−2	
6	適切な言葉遣いを学ぼう①	言葉遣い，話し方，敬語の使い方
7	学習の悩みを解決する	共感性，自己決定
8	自己理解を深める①−1	自己理解
9	自己理解を深める①−2	自己理解，将来展望性
10	他者理解を深める①	共感性，思いやり
11	他者理解を深める②	
12・13	断るべきことはきっぱり断る，上手に断る	勇気，断り方
14	日常生活を振り返ろう	自己洞察，行動力，規律ある態度
15	気持ちを理解し，働きかける	共感性，親切心
16	有意義となる夏休み	計画性，実行力
17	自己理解を深める②	自己理解，将来展望性

時	タイトル	身につけさせたいスキル等
18	質問の仕方を身につけよう	質問の仕方
19	マナーを身につけよう	礼儀正しさ，言葉遣い
20	発表の仕方を身につけよう	発表力
21	高め合う学級づくり③	相互理解
22	自己理解を深める③	自己洞察，進路決定
23	誘惑に負けない自分をつくろう	善悪の判断
24	高め合う学級づくり④	協力性
25	適切な言葉遣いを学ぼう②	言葉遣い
26	自分を表現しよう①	自己表現，アピール
27	自分を表現しよう②	
28	自分を表現しよう③	
29	こんなとき，どうする？①	願書提出
30	こんなとき，どうする？②	冷静さ，判断力
31	感謝の気持ちを表そう	感謝する気持ち
32	高め合う学級づくり⑤	相互理解，思いやり
33	後輩に言葉を残そう	表現力，愛校心
34	卒業後の夢と希望	将来展望性，自尊心
35	明日は卒業式	規律ある態度

第2章

社会性を育てる授業の指導案㉟

● 第2章　社会性を育てる授業の指導案35

1・2 リズムにのって"はじめまして"
～中学校生活を知ろう①～

身につけさせたいスキル等
● 適応力　● 自己紹介
● 他者紹介

●ねらい

1. 自己紹介用名刺を作成し，名刺交換活動を通して自己紹介ができる。
2. 名刺交換活動の際，あいさつとひとことを添えることができる。

●本時の授業

＜展　開＞※学級開きの2時間連続授業として実施する。

	学習活動の内容	指導上の留意点	資料など
導入（15分）	1　課題1「1年△組 担任プロフィールクイズ」に取り組む。	・解答の記号をつなげて読むと，担任の願いが読み取れるように，選択肢の記号を工夫する。 ・単に解答を確認するだけではなく，担任の願いや思いを語り，学級開きの所信表明とする。	ワークシート
展開1（35分）	2　課題2「名刺作り」を行う。	・自分をよく知ってもらうために書くのだから，ふざけない，嘘は書かない等の約束をしてから始める。 ・中央の円内には写真をはる（入学記念に一人一人撮影したもの）。 ・作業をしている間，心和む音楽を流しておく。 ・後日，教室掲示することを知らせ，色鉛筆等を用意させ，きれいに仕上げさせる。	名刺用紙 写真 音楽デッキ CD, MD など
展開2（35分）	3　「はじめまして！ 名刺交換」を行う。 ・名刺と筆記用具を持って，音楽に合わせて，教室内を歩き回る。 ・音楽が止まったら近くにパートナーを見つけて，名刺を交換する。	・展開1のあとに小休憩を入れる（5分程度）。 ・軽快な曲を用意する。 ・「はじめまして」「よろしく」等，必ずひとことを添える。	音楽デッキ CD, MD など

	・お互いに，名刺に書かれた自己紹介を読み，サインをする。 ・5～6回繰り返す。	・アイスブレーキング的要素を取り入れて，ジャンケンで勝ったほうだけがサインをもらえるように設定してもよい。	
まとめ（15分）	4　振り返りを行う。 ・近くの人と4～5人のグループを作り，感想を述べ合う。 ・代表の人が，どんな感想があったか発表する。 5　教師の講話を聞く。	・グループができたら座る。人数はきっちり決めないが，1人だけ残ったりしないように必要に応じて教師が介入する。 「（例）名刺・サインを交換し合ったのですから，もう友達です。クラス全員のサインをもらって，友達の和を大きく広げよう」 ・休み時間などに，早速続きを始める生徒も多い。 ・全員のサインがもらえた時点で，名刺を回収し，教室掲示とする。	

● 評　価

1　複数の人に自己紹介をすることができたか。 名刺用紙 観察

2　名刺交換を行うときに，「はじめまして」「よろしく」等のひとことを添えることができていたか。 観察

[参考図書] 國分康孝監・片野智治編『エンカウンターで学級が変わる　中学校編』1996年，図書文化社
國分康孝監・縫部義憲編著『教師と生徒の人間づくり　エクササイズ実践記録集　第4集』
1989年，瀝々社

| ワークシート | 1年△組　担任プロフィールクイズ（例） |

　　　　　　　　　　　　　　　　　　　　　　　組　名前 _____

●中学生になって初めての担任は，どんな先生かな？　先生の顔を見ながら想像して記号で答えなさい。

① 血液型は何型でしょう。
　　ア　A型　　　イ　O型　　　ウ　AB型　　　エ　H型　　　オ　B型

② どこに住んでいるでしょう。
　　タ　騎西町　　チ　北本市　　ツ　吹上町　　テ　上尾市　　ト　吉見町

③ 好きな花は何でしょう。
　　タ　万珠沙華　　チ　牡丹　　ツ　菜の花　　テ　チューリップ　　ト　桜

④ 好きな色は何色でしょう。
　　カ　黄　　キ　黒　　ク　赤　　ケ　紫　　コ　青

⑤ いちばん好きな食べ物は何でしょう。
　　ア　ハンバーグ　　イ　カレー　　ウ　蕎麦　　エ　とんかつ　　オ　ラーメン

⑥ 趣味は何でしょう。
　　カ　フラダンス　　キ　読書　　ク　手品　　ケ　カラオケ　　コ　スキー

⑦ どこで生まれたのでしょう。
　　ラ　北海道　　リ　愛知県　　ル　静岡県　　レ　山口県　　ロ　茨城県

⑧ どんな性格でしょう。
　　サ　正義感が強い　　シ　涙もろい　　ス　約束を守る　　セ　おおらか　　ソ　慎重

●解答欄●　※解答をつないで読むと，学級に対する担任の願いがわかるようにしておく。

①	②	③	④	⑤	⑥	⑦	⑧
ア	タ	タ	カ	イ	ク	ラ	ス

名刺用紙

●自分の趣味や好きな教科など,それぞれについて内側の円の中に書き込みましょう。外側の円はクラスの人数分に区切って,名刺を読んだ人にサインをしてもらいます。

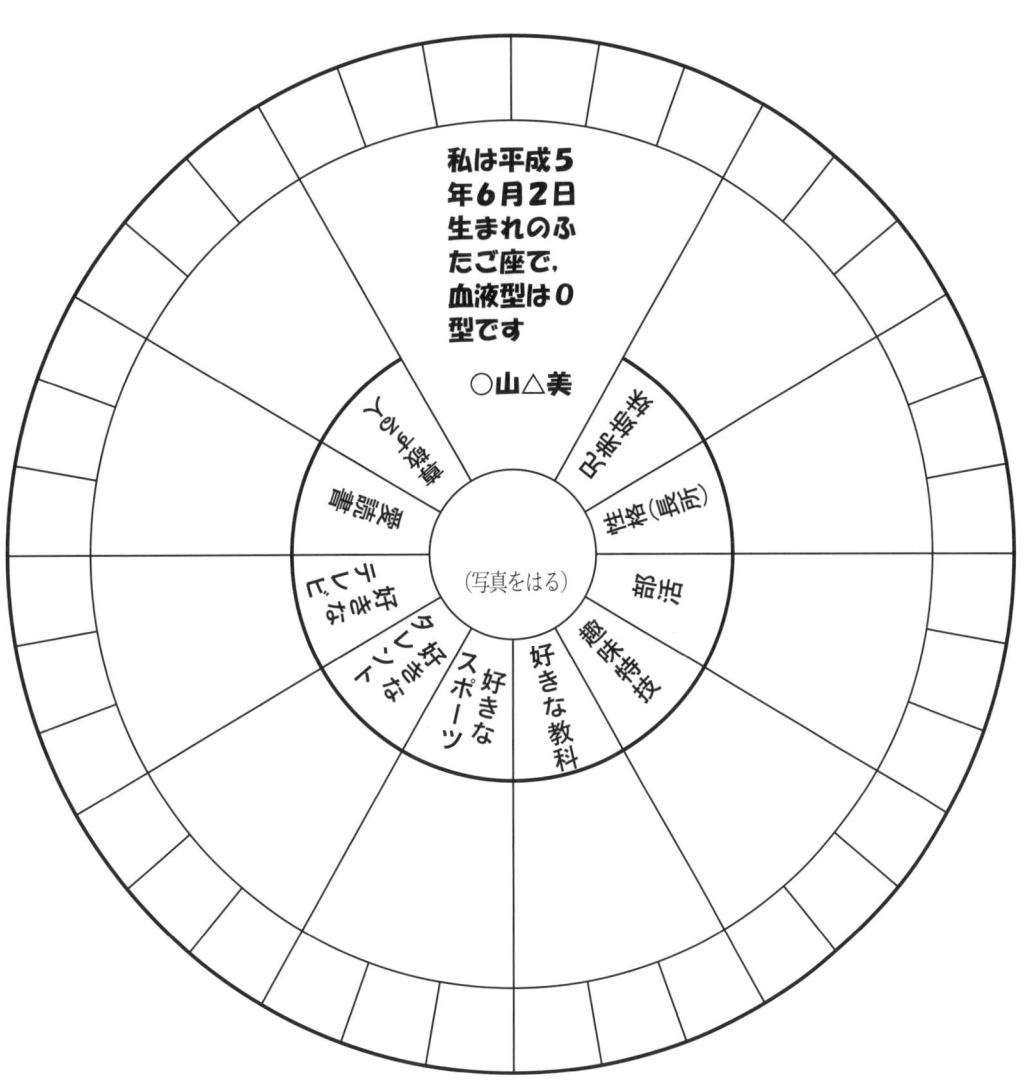

●第2章　社会性を育てる授業の指導案35

3 インタビューによる他己紹介
～中学校生活を知ろう②～

身につけさせたいスキル等
- インタビュー方法
- 他者紹介

●ねらい
インタビューゲームを通して，コミュニケーション能力や発表力を身につける。

●本時の授業

＜事前準備＞
- インタビュー項目を一人一人がスムーズに答えられるように，全体ならびに個別指導を行い，当日に答えられずに困ることがないようにしておく。

＜展開＞

	学習活動の内容	指導上の留意点	資料など
導入（5分）	1　本時のねらいと授業の進め方を知る。 「今日は，インタビューを通して隣の席の友達を知り，お互いに紹介し合いながらクラス全員のことを知る時間です。 　インタビューのときには，お互いに協力して質問に答えてください。また，紹介するときには聞き手がわかるように，インタビューのメモに基づいて発表してください」	・授業の流れを掲示物（板書でも可）で提示する。 〈授業の流れ〉 ①　説　明 ②　インタビュー ③　他己紹介 ④　感想発表 ⑤　まとめ	掲示物
展開（35分）	2　インタビューの方法を知る（2分）。	・事前に配布したインタビューシートの項目を確認させる。 ・二人一組になる。インタビューの相手は席の隣同士とする。	インタビューシート

展開	3 ペアになりインタビューを行う（6分）。 ・3分間を目安に交代する。	・お互いに協力しながらインタビューの受け答えをさせる。 ・インタビューシートにはしっかりとメモを記入させる。 ・インタビューの進め方がスムーズにいっていないペアには教師が介入して支援する。	時間配分を黒板に板書または掲示
	4 クラスでの発表方法を知る（2分）。	・順番にクラス全員の前でインタビューした相手を紹介させる。 ・発表方法例——前列廊下側（または，後列窓側）のペアから始める。次のペアは順番に後ろと（前に）する。40人学級なら20ペア，30人学級なら，15ペアと，発表に要する時間が異なってくるので，あらかじめ計算しておく。	発表方法について黒板に掲示
	5 クラスで発表する（25分）。 「（セリフの例）これから隣の席の○○さんについて紹介します。 　○○さんは△△小学校出身で，好きな食べ物は□□です。……（順次インタビューシートのメモにそって紹介を続ける）……，以上で○○さんの紹介を終わります」	・1人30秒程度，1ペア1分を目安に行わせる。そのために，項目をしぼって紹介するように指示する。 ・紹介に必ず含める項目は， 　・名前 　・出身小学校 　・どんな部活動に入りたいか 　・どんなクラスにしたいか 以上，4項目とする。ほかについては，時間を考えてペアで相談して決めさせる。 ・発表の様子を見て，必要な場面には声をかける。 ・発表後には拍手をする。	
まとめ（10分）	6 振り返りをする。 7 感想を発表する。 8 教師の講話を聞く。	「これから今日の授業の振り返りをします。振り返りシートに記入してください」 ・感想発表をさせる。 ・授業のまとめをする。	振り返りシート

●評　価

1　友達にインタビューする際，インタビューシートに記入しながら質問することができたか。(観察) [インタビューシート]

2　インタビューシートを活用し，他己紹介をすることができたか。(観察) [振り返りシート]

［参考図書］國分康孝監・片野智治編『エンカウンターで学級が変わる　中学校編』1996年，図書文化社

インタビューシート

組の仲間である

♡ _____ さんを
みなさんに紹介します！

レポーター：_____

♡★出身小学校は？　　　★好きな食べ物は？

★好きな色は？　　　　★好きなテレビ番組は？

★好きな音楽は？　　　★呼んでほしいニックネームは？

♡★どんな部活動に入りたいか？

★自分のよいところは何か？

♡は必ず
紹介しよう!!

★最近ひそかにはまっていることは？

★最近「なごむなぁ」と思うのはどんなときか？

★将来の夢は何か？　10年後のあなたは？

★もし，100万円もらったらどうする？

★いま，いちばん欲しいものは？

♡★1年　　組をどんなクラスにしたい？

インタビューしての感想は

振り返りシート

　　　　　　　　　　　　　　　　　　組　名前＿＿＿＿＿＿＿＿＿＿＿＿＿＿

1　今日の「インタビューゲーム」は楽しかったですか。

```
5           4           3           2           1
とても      まあまあ     ふつう       あまり       全然
```

2　友達を知ることはできましたか。

```
5           4           3           2           1
```

3　今日の内容についてためになりましたか。

```
5           4           3           2           1
```

4　今日の「インタビューゲーム」を通して感じたこと・今後に生かしたいことなどを何
　　でも書いてください。

```
┌─────────────────────────────────────┐
│                                     │
│                                     │
│                                     │
│                                     │
│                                     │
│                                     │
│                                     │
│                                     │
└─────────────────────────────────────┘
```

4·5 私は部活リポーター
〜中学校生活を知ろう③〜

身につけさせたいスキル等
- ●適応力　●インタビュー方法
- ●発表力

●ねらい

1. 部活動インタビュー,部活動レポート作成を通して,一人一人の協力・協調性を高める。
2. 的確な情報提供や意見交換を通して,一人一人の適性に合った部活動選択ができる。

●本時の授業

＜展　開＞※年度当初の授業として2回に分けて実施する。

	学習活動の内容	指導上の留意点	資料など
導入（20分）	1　協働模写をする。 ・班ごとに机を寄せ合う。 ・リーダーを決める。 ・順番に絵を見に行き,覚える。 ・全員が見終わったら,一斉に描き始める。 ・各班のリーダーが前に出て,班で仕上げた絵を掲げる。 ・順番に,苦心した点などを発表する。	「これから,協力して1つの絵を模写してもらいます。各班,順番に1人ずつ出てきて,私がここで見せる絵をよく覚えてください」 ・「協力する」とはどういうことか,体験的に実感させる。 ・声を出さないでコミュニケーションすることが望ましいが,初めてなので,あえて,意見交換しながら描く。 ・途中,2回くらい各班の代表が見にくる機会を設けてもよい（覚えきれなかった部分・確認したい部分等,話し合いながら描くうちに出てきた問題を解決する）。	画用紙 フェルトペン 見本の絵
展開（25分）	2　部活インタビュー準備 ・担当する部活を決める。 ・班内で話し合う。 ・リーダー同士が話し合う。 ・決定。 ・導入のエクササイズで学んだことを生かして,作戦を練る（質問する観点	・見てきたことや聞いてきたことをまとめ,図表にして,ほかの班の友達に教えてあげるという意識をもたせて取り組ませる。 ・（例）野球部,サッカー部,剣道部,テニス部男・女,バスケット部男・女,バレーボール部,卓球部男・女,吹奏楽部 ・話し合いを重視する。 ・単なる通り一遍の情報ではなく,何か耳よりなことを発見してくることとする。 ・生徒たちの部活でのつまずきを考えて,3年	

［参考図書］坂野公信監修『学校グループワーク・トレーニング』遊戯社より「人間コピー」

段階	活動	指導上の留意点	準備物
	を決めたり，分担を決めたり……）。 ・「インタビューの心得」プリントを参考にしながら，質問を考える。 ・インタビューメモに質問文を書く。	間続けられるかどうかを判断できるような質問を考えさせる。 ・朝練習の有無 ・土・日の練習の有無 ・用具等にかかる費用など	インタビューの心得 インタビューメモ
まとめ（5分）	3 インタビューの日時や場所を知る。	・各部活の部長にアポイントメントをとらせることから始めたいが，まだ入学間もないので，担任が手配・段取りをしておく。また，顧問とも事前に依頼と打ち合わせを済ませておくようにする。	
	※実際のインタビュー活動は，放課後となる。	・担任は，インタビュー場所を順次回って，活動の様子を確認し，トラブル等の発生を未然に防ぐ。	インタビューメモ
導入（10分）	1 インタビューの結果について話し合う。 ・班ごとに机を寄せ合う。 ・リーダーを中心に，実際にインタビューしてみて感じたことを話し合う。 ・各班のリーダーは，話し合いの内容を全体に広げる。		
展開（30分）	2 インタビューの結果を模造紙にまとめる。 3 ワンポイントアピールをする。	・協働模写の経験を生かして描いていくことをアドバイスする。 ・発表会形式にしてもよい。 ・出来上がったグループから掲示していく（教室内にあらかじめ，掲示スペースを用意しておく）。 ・各班のリーダーに，掲示物の前に立って，出来上がったまとめの見どころ・読みどころをアピールさせる。	模造紙 フェルトペン
	4 振り返りシートに記入する。	・部活動は，教育課程外の活動であるが，中学校生活における教育的意義は大きい。部活動でのトラブルが原因で学校生活全体に悪影響	振り返りシート

［参考図書］國分康孝監・片野智治編『エンカウンターで学級が変わる 中学校編』1996年，図書文化社

●第2章　社会性を育てる授業の指導案35

| まとめ（10分） | 5　教師の講話を聞く。
「（例）友達が集めてくれた情報を参考にして，自分にいちばん合った部活動を見つけて入部しましょう。みなさんが一生懸命練習している姿を早く見たいです」 | が及ぶ場合もあるが，逆の場合も多い。
・卒業生の体験談を紹介しながら，よりよい，自分に合った部活選びができるように支援する。さらに，最終決定するのは本人であるが，その前に，『担任による入部相談会』等を行うのもよい。 | |

● 評　価

1　話し合い活動の中で，リーダーシップやフォロワーシップが発揮され，一人一人が協力・協調性を高めることができたか。観察 振り返りシート

2　的確な情報提供や意見交換を行うことができたか。観察 振り返りシート

3　一人一人の適性に合った部活動選びができたか。観察

「協働模写」の絵（例：基本図形を組み合わせて作成）

インタビューの心得～よりよいインタビューのために～

組　名前 _____

●先輩が話してくれるのを待っているのではなく，積極的にインタビューしましょう。

A　インタビューに出かける前，これだけは！

	分類	チェック項目	◎	○	△	×	?
1	内容構成	相手に関する情報（相手が話したいであろうこと，聞かれたくないであろうことを含む）を十分集め（予想し）たか。					
2		目的と与えられた時間を考え，質問する事柄・おもな質問文・予備の質問文など十分に練ったか。					
3		相手の答えやすい質問文になっているか。					
4		質問の順序は無理のないように考えたか。					
5		メモの準備はしてあるか。					
6		役割分担は決めてあるか。					

B　インタビュー本番，これだけは！

	分類	チェック項目	◎	○	△	×	?
7	礼儀態度	はじめのあいさつ・自己紹介はきちんとできたか。					
8		騒いだりふざけたりせず，感謝と尊敬の気持ちをもって，誠実・謙虚にインタビューしたか。					
9		時間をムダにしないように，テキパキと行動できたか。					
10		緊張しすぎたり，恥ずかしがったり，ふざけたりしなかったか。					
11		お礼のあいさつがきちんとできたか。					
12	内容構成	はじめに，インタビューを受けてくださることのお礼・自己紹介・インタビューの目的を伝えられたか。					
13		途中で，聴き手としてのまとめや意見・感想を言えたか。					
14		相手の話に応じて，その場で質問を追加・修正できたか。					
15	話し方・聴き方	相手が話しやすい雰囲気・話したくなる雰囲気をつくるよう努力したか。					
16		相手の顔を見て，落ち着いて，はきはきと質問できたか。					
17		適切な敬語・わかりやすい言葉を選んで話せたか。					

C　インタビュー終了後，これだけは！

	分類	チェック項目	◎	○	△	×	?
18	礼儀態度	できるだけ早いうちに，お礼や報告ができたか。					

インタビューメモ

_____組　名前_____

部活動名	
部の　　　　　　先輩	
質　問	答　え

そのほか，お話しくださったこと

振り返りシート

　　　　　　　　　　　　　　　　　　　組　　名前＿＿＿＿＿＿＿＿＿＿＿＿＿

1　協働模写を楽しく行うことができましたか。

```
5           4           3           2           1
├───────────┼───────────┼───────────┼───────────┤
とても     まあまあ      ふつう      あまり      全然
```

2　インタビューのやり方がわかりましたか。

```
5           4           3           2           1
├───────────┼───────────┼───────────┼───────────┤
```

3　インタビューの準備をしっかり行うことができましたか。

```
5           4           3           2           1
├───────────┼───────────┼───────────┼───────────┤
```

4　インタビューを楽しくできましたか。

```
5           4           3           2           1
├───────────┼───────────┼───────────┼───────────┤
```

5　まとめの作業を協力してできましたか。

```
5           4           3           2           1
├───────────┼───────────┼───────────┼───────────┤
```

6　部活動のことを理解することができましたか。

```
5           4           3           2           1
├───────────┼───────────┼───────────┼───────────┤
```

7　今回の取組みを通して，あなたにとっての「新しい発見」は。

| |
| |

8　気づいたこと・感じたこと・学んだこと・考えたことは。

| |
| |

9　入部したい部活動が決まりそうですか。

| |
| |

6 いいとこさがし
～お互いのいいところを見つけて認め合おう～

身につけさせたいスキル等
- 他者理解　●自己理解
- 自己洞察

●ねらい
1. 他者の長所を発見するとともに、自分の長所にも気づくことができる。
2. 発見した長所を適切に伝えることができる。

●本時の授業

<事前準備>

・事前メモを配布しておき、注意事項を確認しておく。

・友達を見る視点を確認しておく。

<展　開>

	学習活動の内容	指導上の留意点	資料など
導入（10分）	1　教師の話す本時の目的を聞く。 「（例）今日は友達のいいところを見つけ、それを伝えたいと思います。自分でも気づかなかったところや普段の何気ない行動が、人にはすばらしく映っていることもあります。今日の取組みで、友達や自分のいいところを、あらためて発見してみましょう。そして、人の長所を見ることで温かい気持ちになれるといいですね」 2　ねらいをつかむ。	・いいところの見つけ方を教える。 　→この作業に慣れていない場合は、事前にメモ用紙を配布し、後日行うことを伝えておく。 ・いいところを見つけ認めることは、その人の存在を認めることであることを伝える。 ・見方を変えると関係もよくなることを伝える。 ・いいところは、見ようとしないとなかなか気づかないことを伝える。	事前メモ
	3　ワークシートに記入する。	・まだ、班の形にしない。 ・留意点として以下のことを伝える。	ワークシート

展開 (30分)	「班員に感謝の気持ちを書きましょう」 「特定の人ではなく，班全体へのコメントを書きましょう」 ・記入例に従って自分から班のみんなへコメントを書く。 ・コメントを書いたら班の形になる。 ・メッセージの書き方を確認する。 ・1人書くのに2分ずつ区切る。 ・合図があったら書いたものを右の人へ渡す。 ・自分のところへ返ってくるまで繰り返す。	・がんばったところやいいところを書く。 ・ほかの人はどうでも，自分は「感心した」「すばらしいと思った」ことや，「ありがたかった」ことを書く。 ・目立たない，小さなことでよい。 ・ていねいな字で書く。 ・「同じ」とか「なし」また，ウソはいけない。 ・時間がくるまで次の人に渡してはいけない。 ・記入者の名前は書かない。 ・いいところだけを記入し，ふざけたこと，傷つくこと，皮肉などは絶対に書かないことを確認する。	事前メモ
まとめ (10分)	4 振り返りシートに感じたことを記入する。 5 班内で感じたことを順番に話す。 ・1人30秒。 6 振り返りシートのみ無記名で提出。	・自分のシートが返ってきたらそのシートを読んで感じたままを記入させる。 ・振り返りシートは授業の終わりに集めるが，だれが何を書いたかわからないように，教師がワープロで清書してから学級に配布することを伝える。 ・自分の気づいたことや，友達に伝えたいこととして，どんなことを発見したか。また，そのときの気持ちを伝えられる範囲で言わせる。 ・パスあり。 　→無理やり言わせない。 　→人の発言をバカにしない。 ・ワークシートは自分で保管させる。	振り返りシート

※慣れると15分くらいで実施可能。単発的にではなく，行事のあとはもちろん，班がえのときや週・月末などに定期的に継続して行うと効果が期待できる。

● 評　価

1　友達の長所を発見することができたか。 事前メモ　ワークシート　観察

2　自分の長所に気づくことができたか。 振り返りシート　観察

［参考図書］國分康孝監・片野智治編『エンカウンターで学級が変わる　中学校編』1996年，図書文化社

事前メモ

　　　　　　　　　　　　　　　　　　組　名前 _____

友達のがんばりチェック～事前メモです

- これは，自分が気がついたときにメモとして使ってください。
- 人には見せませんし，提出もしません。
- いいとこさがしをする際，班員のいいところを見つけ伝える作業をするときに，参考にするものです。
- 記入のポイントは，その人がした内容と，それを見ていたときの自分の気持ちを簡単に書くことです。
- ここに書いたことを全部伝えるわけではありません。班員1人についてこの中の1つを伝えます。

班員の名前	その人のがんばった内容
新栄次郎さん	記入例：体育祭のチームを決めるとき意見を言いづらそうな人に進んで聞いてあげた。優しい人だと思った。
	記入例：クラス練習のときみんなをまとめようとした。かっこよかった。

●友達を見る視点の参考例（これはあくまでも例です。些細なことでいいのです）
- 清掃時の働きはどうでしたか。
- 友達の手伝いをした。
- 体育祭の準備を先頭に立って行った。
- クラスの仲間に優しくした。
- 協力して仕事ができた。
- みんなに指示を出せた。
- 落とし物を拾ってあげた。
- 係の仕事や当番を一生懸命行った。
- 率先して動いた。
- これ以外，部活動のことでもかまいません。学校内でのことであれば何でもいいです。

| ワークシート | いいとこさがし～お互いのいいところを認め，いい関係づくりを～ |

組　名前 ＿＿＿＿＿＿＿＿＿＿＿＿＿＿＿

[自分の名前] ＿＿＿＿＿＿＿＿＿＿　さんへ

◎私から班のみんなへコメント

◎○○さんへひとことメッセージ

1	
2	
3	
4	
5	

＜記入例＞

◎私から班のみんなへコメント
・みんなのおかげで楽しく過ごせました。また，同じ班になってもよろしく!!

◎○○さんへひとことメッセージ
・片づけで重たい荷物をいやがらず運んでくれてとても助かりました。とてもありがたかったです。

振り返りシート

●友達の書いてくれたことを読んで感じたことを書きましょう。

●第2章　社会性を育てる授業の指導案35

校内オリエンテーリング
～班員で協力して問題を解こう～

身につけさせたいスキル等
- ●規範意識　●協力性
- ●課題遂行力

●ねらい

1. 校内オリエンテーリングを通して班の協力性を高めるとともに，ルールを守ることの大切さを体験することができる。
2. 校外学習への意識や意欲を高めることができる。

●本時の授業

<事前準備>

・授業時間に生徒たちが校内を動くので，事前に職員へ趣旨の説明・協力をお願いしておく必要がある。また特別教室などは，授業時以外は鍵がかかっているところも多いと思われるので，それぞれの担当者に許可をとっておく。

・事前にオリエンテーリングのポイントの問題を作り，札を下げておく。授業終了後，すぐに撤去する。

<展　開>

	学習活動の内容	指導上の留意点	資料など
導入（5分）	1　今回の学習の目的を確認する。 ・班の協力性を高める。 ・ルールをしっかり守ることでオリエンテーリングを成功させる。 ・今回の学習は次の校外学習の成功につながるものであることを自覚する。	・オリエンテーリングを過去にどのくらいやったことがあるか，その楽しさは何かを尋ね，今日の学習への興味づけをする。 ・成功するかどうかは，班長の指示が徹底できるかどうかが「きめて」であることを伝え，班長の自覚を促す。	
展開（35分）	2　校内オリエンテーリングのルールを確認する。 ・班は，校外学習に行く班とする。	・ルールを徹底させることが今回の学習の大きな目的である。説明するだけでなく，説明したあと，ルールについて質問し，それに答えられるか確認をする。	

	・班全員で一緒に行動する（全員がゴールした時間を記録する）。 ・ほかのクラスは授業中なので，静かに移動する（校舎内では走らない。騒がしいなどのクレームがきたら失格）。 ・制限時間をオーバーしたら失格。 ・途中でほかの班に会っても，お互いに答えを教え合わない。 ・地図を見ながらどのような順で回ってもよい。 ・合言葉「見ない・聞かない・騒がない」	・ルールの書かれたプリントを用意してもよい。 ・合言葉は印象に残るよう，皆で復唱する。	
	3　出発前の作戦タイム	・2分間で，どのような順で回るかなどを決めさせる。	プリント 校内地図
	4　校内オリエンテーリングに取り組む。 5　答え合わせを行う。	・30秒ずつずらして，班ごとに出発させる。 ・制限時間は25分。 ・各ポイントの問題の答えを確認させる。	
まとめ (10分)	6　振り返りを行う。 7　次回の学習の確認をする。	・振り返りシートに記入して数人に発表させる。 ・うまくいかなかった班は，その原因を考えさせる。原因がわかった時点で50％は解決するので，本番の校外学習で同じことを繰り返さないよう，改善していくことを確認する。 「ルールを守り，メンバーで協力して，校外学習を成功させよう」 ・校外学習の成功へつながるようなまとめをする。	振り返りシート

●評　価

1　みんなで協力して回り，正解を導き出すことができたか。 プリント

2　ルールを守ることができたか。 振り返りシート 観察

3　校外学習への意識や意欲を高めることができたか。 プリント 観察

［参考図書］吉澤克彦編『中学校学級づくり　構成的グループエンカウンターエクササイズ50選』
2004年，明治図書

| プリント | 校内オリエンテーリング問題（例） |

A　昇降口　　　　　　生徒用靴箱は，使っていないところも入れて全部でいくつあるか？

B　校歌歌碑　　　　　校歌の作曲者の名前は？

C　図書室　　　　　　図書支援員さんの名前は？

D　PC室　　　　　　　PCは全部でいくつあるか？

E　1-2横掲示板　　　掲示物の内容は？

F　木工室横　　　　　掲示板にはってある詩の題名は？

G　給食黒板　　　　　本日の給食のおかずのメイン（主菜）は？

H　保健室　　　　　　ベランダ前中央にある木の名前は？

I　校庭　　　　　　　テニスコートに近い方から4つめの部室は何部か？

J　東階段　　　　　　1Fから4Fまでの階段の段数は？（踊り場は1とする）

K　相談室　　　　　　相談員さんの名前とサインをもらってくる

L　校長室前　　　　　廊下に飾ってある上から2つめ，左から2つめの作品の題名は？

M　体育館　　　　　　体育館全部の扉の数は？

N　武道場　　　　　　柔道場に掲げてある額に書いてある言葉は？

O　被服室　　　　　　黒板横にはってある掲示物（先輩の作品）の種類は？

振り返りシート

　　　　　　　　　　　　　　　　　　　　組　名前 _____

1　ルールを守ってすることができましたか。

```
5            4            3            2            1
とても       まあまあ      ふつう        あまり        全然
```

2　協力して回ることができましたか。

```
5            4            3            2            1
```

3　協力して答えを見つけることができましたか。

```
5            4            3            2            1
```

4　校外学習に向けて自分たちの班のよい点，改善点を見つけることができましたか。

```
5            4            3            2            1
```

5　ひとこと感想

● 第2章 社会性を育てる授業の指導案35

8 感じのよいあいさつ
～マナーを身につけよう①～

身につけさせたいスキル等
- ●礼儀
- ●あいさつの仕方

● ねらい

1 相手や時，場所に合ったあいさつの仕方を身につけることができる。

2 よいあいさつをすることで心地よさを味わい，進んであいさつすることができる。

● 本時の授業

<展　開>

	学習活動の内容	指導上の留意点	資料など
導入（5分）	1 フリー・ウォーキング ・教室の中を自由に歩き回り，右の3つのパターンを体験する（それぞれ30秒ずつ）。 ・グループで感想を述べ合う。 2 本時のねらいを知る。 ・あいさつの大切さを知る。 ・相手や時，場所に合ったあいさつの仕方を学び，できるようになる。	① 黙って下を向いて歩き回る。 ② 黙って歩き回り，すれ違った人と視線を合わさない。 ③ すれ違った人とあいさつを交わす。 ・生徒一人一人が3つのパターンを経験したあと，4人から5人のグループになり，「それぞれ，どんな感じがしたか」を話し合う。	ストップウォッチ
展開（30分）	3 ロールプレイを見る。 ・教師と代表の生徒でロールプレイをする。	・「感じのよいあいさつの仕方」を考えさせる。	
	<ロールプレイ> 【設定】Aが登校中，正門のところで出会った友人Bにあいさつする場面 《役割》 生徒A──明るく元気に，友人に「おはよう」とあいさつする。 生徒B──正門のところで友人からあいさつされた生徒役を，3種類のパターンで演じる（ワークシート参照）。		

	4 どんなあいさつの仕方がよいか考える。 〈標語〉 あ：明るく い：いつでも さ：先に（相手より） つ：次の会話へ（必要に応じて）	・「ワークシート」の1と2を記入させる。 ・教師と代表生徒のロールプレイの中で，よいあいさつ（ワークシート1の3のパターン）をやってみせる。 ・標語の紹介をする。	ワークシート項目1・2
	5 「3パターン」を再確認する。 ・3人組でそれぞれの役割（生徒A，生徒B，観察者）のロールプレイを練習する。	・各自が3パターンを体験することで，よいあいさつの仕方を理解させる。	
	6 その他の場面でのあいさつを覚える。 ・先生方へのあいさつ ・廊下で保護者や来校者とすれ違ったときのあいさつ ・帰るとき，別れのとき	・先生や保護者，来校者へのあいさつは，「おはよう」ではなく「おはようございます」。 ・会釈，敬礼，最敬礼の違いを説明する。 ・「職場体験」で，帰るときは「さようなら」ではなく「お先に失礼します」であることも伝え，それぞれの礼やあいさつを3人組で練習させる。	ワークシート項目3
まとめ（15分）	7 振り返りをする。 ・今日の学習を振り返り，ワークシートに記入する。		ワークシート項目4・5
	8 自宅課題を確認する。 ・次回までに今日習ったスキルを使って友達や上級生，うちの人，近所の人などにあいさつをする。	・だれに，いつ，どこで，どんなあいさつをして，相手がどうだったか，自分はどう感じたかをワークシートに書いてくる宿題を出す。	ワークシート項目6

● 評　価

1　相手，時，場所に合ったあいさつの仕方を理解できたか。観察　ワークシート

2　よいあいさつをすることで心地よさを味わうことができたか。観察　ワークシート

3　それぞれの学習課題に進んで取り組み，あいさつができたか。観察　ワークシート

［参考図書］小林正幸・相川充編『ソーシャルスキル教育で子どもが変わる　小学校　楽しく身につく学級生活の基礎・基本』1999年，図書文化社

| ワークシート | 感じのよいあいさつ |

組　　名前　_____

1　それぞれ，見ていてどんな感じがしましたか？

〈1のパターン〉・黙って無視して通り過ぎる。

　　　　　　　　　　　　　　　　　　　　　　　　　　　　　　　　　　

〈2のパターン〉・相手の目を見ずに元気のない声でただ「おはよう」と声をかけて通り
　　　　　　　　過ぎる。

　　　　　　　　　　　　　　　　　　　　　　　　　　　　　　　　　　

〈3のパターン〉・目を見ながら笑顔で「おはよう」と元気よくあいさつを返す。
　　　　　　　・「〇〇さん，おはよう」と相手の名前もつけて言う。
　　　　　　　・「おはよう」と言ったあとで言葉をつける（例：昨日のテレビの話題
　　　　　　　　など）。

　　　　　　　　　　　　　　　　　　　　　　　　　　　　　　　　　　

2　あいさつをするとき，どんなことに注意すればいいのでしょうか？
　　――視線（目は？）・表情・声の調子や大きさ・話し方・姿勢・相手との距離など――

　　　　　　　　　　　　　　　　　　　　　　　　　　　　　　　　　　

3　いろいろなあいさつ

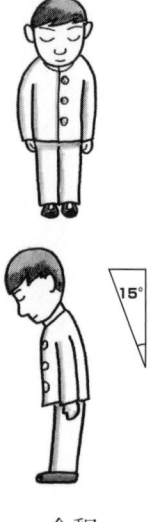
会釈

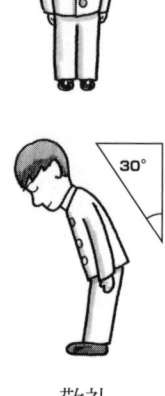
敬礼

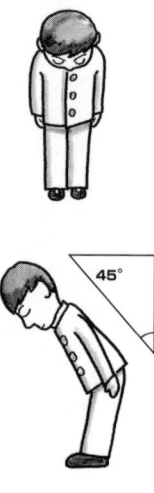
最敬礼

4　それぞれの場合に、なんとあいさつすればよいでしょうか？

	朝	昼	帰るとき
友　達			
先　生			
保護者			
来　客			
（　　　）			

5　今日のスキル学習でためになったことや、感想、質問を書きましょう。

6　宿題——次のスキル学習までに、今日習ったスキルを使い、いろいろな人にあいさつをしてみましょう。

だれに	いつ	どこで	なんとあいさつしましたか？	相手の人はどうしましたか？自分はどう感じましたか？

※あいさつができなかったこともあったと思います。あいさつをしそこなったり、あいさつができなかったのは、どうしてなのか考えてみましょう。

●第2章　社会性を育てる授業の指導案35

9 話の上手な聴き方
～マナーを身につけよう②～

身につけさせたいスキル等
- ●話の聴き方
- ●共感性

●ねらい

1. 人の話に注意深く耳を傾けることの大切さに気づくことができる。
2. 「聴くこと」を意識的に行うことで，ルールとマナーを学ぶことができる。

●本時の授業

<展　開>

	学習活動の内容	指導上の留意点	資料など
導入（10分）	1　傾聴の訓練をする。 ・2人組を作り，話し手と聴き手の役割を決める。 ・1回目：話し手は「いま，はまっていること」について話す（1分）。聴き手は「聞きたくない」という態度をとる。 ・2回目：聴き手は相づちをうったり質問をしながら一生懸命聴く。 ・役割を交換し，両方体験する。	・聞きたくない態度とは，「そっぽを向く」とか「何度も時計を見る」などの非言語的行動で表すことを教える。 ・一生懸命聴く態度とは，「相手の方を見る」「うなずく」「話しやすい距離をとる」「相手に体を向ける」などであることを教える。 ・「話を聴くための3つのルール」を黒板にはる。 〈話を聴くための3つのルール〉 ①　体を向ける ②　話す人を見る ③　相づちをうつ	ストップウォッチ 3つのルールの掲示物
	2　ワークシートに記入して発表する。 3　本時のねらいを知る。 「上手な聴き方をするには，どんなことに気をつけたらいいでしょう」 「話を聴く相づちには，どんな言い方がありますか」	・人の話を上手に聴くことの大切さを知らせる。 ・「上手な聴き方」のプリントを配り，ていねいにスキルを教える。 ・上手な聴き方のスキルを理解し，その場で練習して意識的に使えるようにさせる。 ・相づち例「うんうん」「そうですね」「なるほ	ワークシート 上手な聴き方

		ど」「ふーん」「それから」「ほんと」「すごーい」など……	
展開（30分）	4 手本を見て，基本となる話の上手な聴き方を知る。	・生徒1人を指名し，「いちばん欲しいもの」について話をしてもらい，「3つのルール」を意識して教師は話を聴く。 ・相づちのほかに，どんな方法があるか考えさせる。 ・話を促すために，5W1H（いつ，どこで，だれが，何を，なぜ，どのように）を念頭に質問させる。「それ，いつのこと？」「どこで？」	上手な聴き方
	5 話の聴き方をペアで練習する。	・2人組になり，話題例から1つ選んで友達が話すのを，「3つのルール」を意識して聴くようにさせる（2分ずつ）。 〈話題例〉生徒が話しやすい話題をあげる。 ・昨日見たテレビ番組 ・いちばん欲しいもの ・いちばんこわいもの ・好きな食べ物……	ストップウォッチ 話題例の掲示物
	6 集団で話を聴く場合の聴き方を理解する。	・授業での教師の話や校長講話，講演会での発表など，集団で1人の人の話を聴く場合の「上手な聴き方」についてもふれておく。	
	7 話の聴き方を3人組で練習する。	・3人組になり，話し手・聴き手・観察者に役割を分担する。話題例から1つ選んで，3分ずつ話をする。 ・聴き手は，聴き方のスキルを使ってしっかり聴くようにする。 ・観察者は「話の聴き方チェックシート」を使って気づいたことをまとめる。	話の聴き方チェックシート
まとめ（10分）	8 振り返りをする。 9 自宅課題を確認する。	・振り返りシートに記入させる。 ・今日習ったスキルを使って，友達や家族など，教室以外で会うだれかの話を，実際に聴いてくる宿題を出す。	振り返りシート

● 評　価

1　人の話に注意深く耳を傾けることの大切さに気づくことができたか。 振り返りシート

2　「聴くこと」を意識的に行うことで，ルールやマナーを学ぶことができたか。 観察

振り返りシート

[出典] 小林正幸・相川充編『ソーシャルスキル教育で子どもが変わる　小学校　楽しく身につく学級生活の基礎・基本』1999年，図書文化社，pp.62-64

| ワークシート | 話の上手な聴き方 |

　　　　　　　　　　　　　　　　　　　　組　名前 _____

1　それぞれやってみて，どんな感じがしましたか。

〈1回目〉

　　　　　　　　　　　　　　　　　　　　　　　　　　　　　　　　　

〈2回目〉

　　　　　　　　　　　　　　　　　　　　　　　　　　　　　　　　　

2　人の話を聴くとき，どんなことに注意をすればいいのでしょうか。

　　──視線は（目は）？・表情・体の向きは？・姿勢・相手との距離など──

　　　　　　　　　　　　　　　　　　　　　　　　　　　　　　　　　

上手な聴き方

【上手な聴き方】
○視線・態度・姿勢
・自分のしていることをやめて，相手に集中する。
・相手の方を向き，相手を見る。
・相づちをうつ。
・話しやすい距離をとる。
・最後まで聴く。
○言葉による方法
・相手の話に「うんうん」「ふーん」などとうなずきながら聴く。
・質問する。
・相手の言いたいことを繰り返す。

【好ましくない聴き方】
○視線・態度・姿勢
・ほかのことをしながら相手の話を聴く。
・相手を見ない。
・いやな表情をする。
・不要に手足を動かしながら聴く。
・相手から離れる（距離を遠くする）。
○言葉による方法
・相手の話をさえぎる。
・最後まで話を聴かず，自分の考えを述べる。

※上に書いたこと以外で，上手な聴き方で気をつけることを考えてみましょう。

話の聴き方チェックシート

　　　　　　　　　　　　　　　　　　　組　名前 _____

（　　　　　　　　　　　　　　　）さんへ

●観察者になったときに聴き手の人のことを書いてあげましょう。

　◎よくできた　　◎できた　　△もう少し

話を聴くためのルール			
1　相手に体を向ける		4　繰り返し	
2　話す人を見る		5　質　問	
3　相づちをうつ		6　最後まで聴く	

●アドバイス

振り返りシート

　　　　　　　　　　　　　　　　　　　組　名前 _____

1　「上手な聴き方」はどうすればいいか，わかりましたか。

```
  5           4           3           2           1
 とても      まあまあ     ふつう       あまり       全然
```

2　今日の授業の感想を書いてみましょう。

●第2章　社会性を育てる授業の指導案35

10 温かい言葉かけ
~マナーを身につけよう③~

身につけさせたいスキル等
- 言葉遣い
- 思いやり

●ねらい

1. 温かい言葉かけと冷たい言葉かけが相手に与える影響について知ることができる。
2. 温かい言葉かけをするために,「相手のよさを見つける」「非言語的方法」「言語的方法」のスキルについての理解を深め,使うことができる。

●本時の授業

<展　開>

	学習活動の内容	指導上の留意点	資料など
導入（15分）	1 「言葉かけ」を意識し,言葉かけには2種類あることを知る。 ・最近友達や家族から言われて,「うれしかった言葉」,「いやな気持ちがした言葉」を考えてみる。 2 言葉かけが相手に与える影響について考える。 「温かい言葉かけは,どんな働きをすると思いますか？」	・何人かの生徒に発表させ,黒板にそれぞれの場合をいくつか板書する。 ・「温かい言葉かけ」と「冷たい言葉かけ」があることを知らせ,それぞれが相手に与える影響について知らせる。 ・温かい言葉→「ほめる」「励ます」「心配する」「感謝する」など。 ・冷たい言葉→「けなす」「欠点を指摘する」「バカにする」など。 〈生徒の反応例〉 ・相手の気持ちをよくする。 ・肯定的な気持ち（注目している,配慮している,好意を感じている）を伝えることになる。 ・思っていることを言うので,自分の気持ちもよくなる。	言葉かけの2つのタイプ
展開（25分）	3 ロールプレイのシナリオに従って演習 ・生徒A,生徒B,観察者の3人組になって〈1のパターン〉と〈2のパター	・お互いの感想や気づいたことを出し合う。 ・お世辞やごますりとの違いにふれる（思ってもいないことは言わない・ほんとうに感じた	ロールプレイのシナリオ

	〉をやり，3人で振り　をする。	ことのみ）。 ・言いたくなければ言わなくてもいいことを強調する。 ・スキル指導をするとともに，教師がロールプレイのシナリオ〈2のパターン〉の見本を示す（モデリング）。 ・温かい言葉かけをするには，相手を知ることだと教える。 ・相手をよく観察する。 ・相手のよいところ，相手の得意とすることを見つける。 ・相手のことで，自分が感心したり驚いた点は何だろうかと自問する。	
	言葉かけの基本 さん） たんです がん	シートの〈場面1〉〈場面2〉〈場面3〉に書き込ませ，生徒A，生徒B，観察者の3人組になりお互いにやってみる。	ワークシート
まとめ（10分）	6　教師　　　を聞く。	「（講話例）このほかに，元気のない人には励ましたりすることもあると思います。これからも温かい言葉かけのできる人になりましょう」 ・最後に「振り返りシート」に記入させる。	振り返りシート

● 評　価

1　言葉かけの影響について理解することができたか。(観察) (振り返りシート)

2　「相手のよさを見つける」「非言語的方法」「言語的方法」のスキルについての理解を深めることができたか。(ロールプレイのシナリオ)

3　「相手のよさを見つける」「非言語的方法」「言語的方法」のスキルについて練習して使うことができたか。(観察)

4　温かい言葉かけをしようとする意欲を高めることができたか。(観察) (振り返りシート)

［参考図書］小林正幸・相川充編『ソーシャルスキル教育で子どもが変わる　小学校』1999年，図書文化社

言葉かけの2つのタイプ

1　温かい言葉かけ
　「ほめる」「励ます」「心配する」「感謝する」など
　→　相手を肯定し，よい気持ちにさせる。
2　冷たい言葉かけ
　「けなす」「バカにする」「配慮なしに欠点を指摘する」など
　→　相手を否定し，嫌な気持ちにさせる。

ロールプレイのシナリオ

1　場　面
・テストの結果について友達と話している場面
2　役割設定
　生徒役A
① テストで初めて数学で80点を取り，とても喜んでいる。
② 数学はいままでずっと50点以下だったので，跳び上がりたいほどうれしくなっている。
③ 今回のテストに備えて一生懸命取り組んだので，その努力の結果であると自分をほめたい気持ちになっている。
　生徒役B
《1のパターン》
① Aのテストの結果を聞き，たいしたことではないと冷ややかに応じる。
② 数学の今回の平均点は78点だったから，テスト自体が簡単であったと応じていく。
③ 「初めてでは実力とはいえないし，まぐれなんてこともあるよ」と皮肉を言っていく。
④ その後のAの言動に応じて演技を続けられるかぎり続ける。
《2のパターン》
① Aのテストの結果を聞き，素直によかったねと言っていく。
② 数学が30点以上も上がったのは，すごい。認めていく。
③ テストの結果はAが努力したからだとAの努力を認めていく。
④ その後のAの言動に応じて演技を続けられるかぎり続ける。
3　流　れ
A：「今回の数学のテスト，80点だったよ」とうれしそうにBに話しかけていく。

振り返りシート

　　　　　　　　　　　　　　　　　組　名前

1　「温かい言葉かけ」はどうすればよいか，わかりましたか。

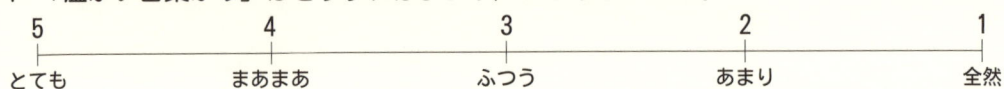

　　　5　　　　　4　　　　　3　　　　　2　　　　　1
　　とても　　まあまあ　　ふつう　　あまり　　全然

2　今日の授業の感想を書いてみましょう。

| ワークシート | 温かい言葉かけ |

_____ 組　名前 _____

〈走り幅跳びで6m50cmを跳び，県大会に出場する友達への言葉かけの例〉

	内　容	言語表現
声かけ	何といって相手に声をかけるか	○○くん
事　実	すごいと思っていること	幅跳びで6m50cmも跳ぶなんて，
感情語	感じていることを言葉にする	すごいね。県大会もがんばって

〈場面1〉掃除の時間，一生懸命に掃除をしているクラスメイトに対して

	内　容	言語表現
声かけ	何といって相手に声をかけるか	
事　実	・すごいと思っていること ・がんばっているところ ・いいところ　　　など	
感情語	感じていることを言葉にする	

〈場面2〉絵のコンクールで金賞を受賞したクラスメイトに対して

	内　容	言語表現
声かけ	何といって相手に声をかけるか	
事　実	・すごいと思っていること ・がんばっているところ ・いいところ　　　など	
感情語	感じていることを言葉にする	

〈場面3〉だれに対しても親切にしている友達に対して

11 「はい!」の言い方
～気持ちのよい返事～

身につけさせたいスキル等
- ●礼　儀
- ●返事の仕方

●ねらい
1. ロールプレイを通して，返事の大切さに気づくことができる。
2. 場に応じた返事の大切さを理解し，気持ちのよい返事をすることができる。

●本時の授業

＜事前準備＞
- ロールプレイでAの役をしてくれる生徒を数名探し，頼んでおく。悪い言い方をするBの役は，生徒にはさせない。

＜展　開＞

	学習活動の内容	指導上の留意点	資料など
導入（10分）	1　本時のねらいを説明し，教師がデモンストレーションをする。 ・2種類の「あの映画，見た？」のセリフを聞き，感じたことを数人が発表する。 2　ねらいを確認する。 「今日は場に応じたふさわしい『返事』について学びたいと思います」 3　ウォーミングアップ ・机を端に寄せ，イスを円に並べる。 ・「猫＋鶏」「トンボ＋蛇」など教師が問題を出し，生き物の足の本数を合計した数でグループになる。	・「はい」以外で非言語の例を提示する。 ・同じ言葉でも表情や動作，イントネーションや声の大きさで，相手に異なるニュアンスで伝わることがあることを感じさせる。 ・①面白かったよ，という気持ちで「あの映画，見た？」。 ・②期待はずれだった，という気持ちで「あの映画，見た？」。 ・返事の仕方でいろいろなことが起こった経験を思い出し，身近なこととして考えさせる。 ・先生－生徒，先輩－後輩，親－自分 ・新しい問題になるたびに，なるべく違うメンバーでグループを作るようにさせる。 ・状況をみて仲間はずれや特定の生徒が残らないように支援する。 ・4人組を作るのが目的なので，すぐに組めれば，教師の問題は省略してよい。省略したと	

	最後は4人組を作る。 4　4人組で座る。	きには，まとめの時間を長めにとるようにする。クラスの雰囲気によっても無理に行う必要はない。 ・教室内に均等に散らばるように指示をする。	
展開（30分）	5　演習の説明を聞く。 6　実際にロールプレイをしてワークシートに記入する。	・状況説明は教師が行う。 〈演習の説明〉 　・代表の生徒が各場面を演じる。 　・役者以外の生徒はロールプレイを見てAの気持ちを考え，ワークシートに記入する。またAが次にBへ「どんな言葉を言いたくなるか」そのセリフを書く。 　・パターン1から4まで記入したら，記入したものをグループ内で見せ合い，話し合う。 ・意見交換をすることを事前に伝える（抵抗を減らし，不要なトラブルを減らす）。 ・元気のよい生徒や言葉でトラブルの多い生徒にAを演じさせるとよい。 ・Aの役の人に気持ちを聞くことはしない。 ・1つのパターンが終わるごとに，ワークシートに記入する時間を確保する。 ・役者になってくれた生徒をねぎらうことを忘れないようにする。	台本 ワークシート
まとめ（10分）	7　振り返り（シェアリング） ・グループ内で，自分の書いたセリフとAの気持ちを順番に発表する。 ・代表者が発表する。 8　振り返りシートに記入し，本時のねらいを振り返る。 9　今後の予定を知る。	・生徒に自分はどんな返事が多いか振り返らせ，返事の大切さを話し合わせる。 ・グループ内で話し合った内容は，代表者が全体に発表することを事前に伝える。 ・話し合いがしづらいグループは，1人20〜30秒で区切って話すように教師が設定する。 ・振り返りシートは回収し，「感じたこと」に書かれたことは教師が活字にしてクラスに配布することを記入前に伝える。 ・「よい言い方を選びたい」ことを伝える。 ・後日，言い方・言葉の伝え方（アサーション）の授業に発展することを伝える。	振り返りシート

● 評　価

1　ロールプレイ体験を通して返事の大切さに気づくことができたか。 振り返りシート

2　場に応じた返事を理解し，使うことができたか。 観察 台本 ワークシート

気持ちのよい返事　台本

●やり方
- ロールプレイを見て感じたこと，次に言いたくなるセリフを考えて書いてみる。
- 台本の内容に沿っていろいろな「はい」を言ってみる。多少のアドリブはOK。
- ロールプレイは1つのパターンにつき2回ずつ行う。
- パターン1から4まで，空欄になっているAのセリフを考える。
- 記入したものを班内で意見交換する。
- （時間があれば）自分はどのような返事をすることが多いかを考える。

●台本
パターン1
状況……Bは掃除中に当番の仕事をせず，外を見ている。それを見かねた友達AがBに注意をする。
A：「ねぇ，みんなちゃんと掃除やっているんだから○○くんも黒板消してよ！」
B：（だるそうに）「は〜い」でも動こうとしない。
A：「わかったら早くやって。もう掃除が終わるよ」
B：「は〜い」イヤイヤやろうとするがいい加減。
A：「　　　　　　　　　　　　　　　」

パターン2
状況……AとBはクラスメイトで部活動も同じだが，BはAに対し日ごろから冷やかすことが多く，AはBに少し怒っていた。そんなとき，またBがAに対して気にしていることを言った。
A：「そんなこと言うなよ」「いつもそう言われるのはいやだって言っているだろ」
B：「はいはい，わかりましたよ」
A：「　　　　　　　　　　　　　　　」

パターン3
状況……今日はAとBが日直である。しかし，Bは早く帰って遊ぼうとしていた。Bが日直の仕事をAに任せて，自分はやらずに帰ろうとしている。
A：「まだ帰っちゃダメだよ」「○○くん，日直の仕事はまだ終わっていないよ」
B：ほったらかして帰ろうとする。
A：「　　　　　　　　　　　　　　　」

パターン4
状況……教科係は授業が始まる前に先生を呼びにいくことになっている。しかしそれを忘れてしまい，チャイムが鳴っても先生が来ない。Aが気づいて教科係のBに呼びかけた。
A：「チャイムが鳴っても先生が来ないね。教科係は先生を呼びにいったほうがいいよ」
B：「うん！　そうだね」
A：「　　　　　　　　　　　　　　　」

| ワークシート | 「はい！」の言い方 |

　　　　　　　　　　　　　　　　　　　　　　　　　　組　　名前

●パターン1～4までのAの空欄のセリフを考え，「自分ならこう言うだろう」と思ったことを書いてください。また，そう言いたくなった気持ちを書いてください。

パターン1の返事について

セリフ	気持ち

パターン2の返事について

セリフ	気持ち

パターン3の返事について

セリフ	気持ち

パターン4の返事について

セリフ	気持ち

振り返りシート

　　　　　　　　　　　　　　　　　　　　　　　　　　組　　名前

1　今日のエクササイズに積極的に参加できましたか。

```
5           4           3           2           1
とても      まあまあ    ふつう      あまり      全然
```

2　自分の意見はしっかり言えましたか。

```
5           4           3           2           1
```

3　人の意見は真剣に聞けましたか。

```
5           4           3           2           1
```

4　このエクササイズを行ってみて感じたことを書いてください。

● 第2章　社会性を育てる授業の指導案35

ものは言い方
～好ましいコミュニケーション～

身につけさせたいスキル等
- ●コミュニケーション
- ●相互理解

●ねらい

1. 代表的な3種類のコミュニケーションとその特徴を知ることができる。
2. 望ましいコミュニケーションのとり方を理解し，ロールプレイを通して体験することができる。

●本時の授業

<事前準備>

- ロールプレイを演じてくれる生徒を決め，可能であれば練習させておく。

<展　開>

	学習活動の内容	指導上の留意点	資料など
導入（10分）	1　ウォーミングアップ ・時間内(30秒)にできるだけ多くの人とジャンケンし，何回勝ったか競う。 ・バリエーション――多く「あいこ」になった回数，手の甲たたき 2　本時のねらいを知り，3種類のコミュニケーションのデモンストレーションで，イメージをふくらませる。 「例えば次の状況で，あなたが『言われる立場』のとき，どの言われ方がいいですか？」	・雰囲気づくりと，2人組(ペア)を作ることが目的である。適度なところでやめる。 ・仲間はずれが出ないように配慮する。 ・クラスの現状によりペアは同性同士にするなどの配慮をする。 ・ウォーミングアップはなくてもよい。 ・ペア同士隣に座る。 ・3種類のコミュニケーションとは，①いじいじタイプ，②自己中心タイプ，③さわやかタイプ。ここでは種類だけを伝え，タイプの説明は最後のまとめで行う。 ・例：廊下に人がいて通れないとき「①じゃまだ！　どけよ」「②向こうに行きたいから通して」「③あの……(まごまごする)」。言い方で相手の感じ方が違うことに気づけばいい。	
展開（30分）	3　授業の流れを確認する。	・ロールプレイを見る→ワークシートに記入→ロールプレイを行う。 ・見通しをもたせ，不要な抵抗を減らす。	ロールプレイの台本 ワークシー

60

	4 ロールプレイのパターン1～3を見る。 5 ワークシートに記入して発表する。 ・1だけを記入する。 ・2と3を記入する。	・生徒役1～3を演じてくれた生徒をねぎらう。 ・言い方によって相手の印象も変わることに気づかせてから2の質問に入りたい。 ・2では，言い方によってどんな印象をもつか詳しくイメージさせ，3ではよりよい話し方の理由を考えさせる。 ・3の「どのようになりたいか」は全体の場には出さない。AやBがいいという生徒がいる可能性もあるので，議論は避けたい。	ト
	・数人が2の言葉の振り分けを発表する。	・発表された振り分けから「どうもパターン3の教師の話し方がいいようです」ともっていき，話し方を生徒にイメージさせたい。	
	6 「練習をしましょう」のロールプレイをする。	・演じる前に状況設定とポイント・注意点を確認する。セリフを考える時間を1，2分とる。 ・導入で作った2人組で行い，両方の役を経験させる。演技時間は30秒，決められたセリフは必ず言わせる。 ・合図で始め，合図で終わる。	練習をしましょう
	・うまく話せたかどうかを発表する。	・どこがむずかしかったか尋ねてもよい。	
まとめ（10分）	7 振り返る（シェアリング）。 ・4人組でシートの4を中心に意見交換する。 8 3種類のコミュニケーションについて確認する。 ・次回は上手な言い方について学習することを知る。	・振り返りシートに記入する。 ・時間がなければ記入したままで意見交換はせず，後日まとめたものを配布する。 〈板書例〉 ・いじいじタイプ→自分にストレスがたまる。はっきりしない人と思われる。 ・自己中心タイプ→相手にストレス。威張っている人と思われる。 ・さわやかタイプ→両者スッキリ。自分と相手を傷つけない。	振り返りシート

●評 価

1 3種類のコミュニケーションがわかり，望ましいコミュニケーションのとり方を理解することができたか。観察 振り返りシート

2 ロールプレイを通して，望ましいコミュニケーションのとり方を体験することができたか。発表 振り返りシート

[参考図書] 園田雅代・中釜洋子著『子供のためのアサーション（自己表現）グループワーク－12 自分も相手も大切にする学級づくり』2000年，日精研心理臨床センター編

ＣＤを借りる　ロールプレイ台本

パターン１
生徒１：ねぇ。このあいだ君が持っていたＣＤ貸してくれない？
教師：え？　あのＣＤを貸すの？
生徒１：いいでしょ。前から聴きたかったんだ。
教師：えぇー。でも……。
生徒１：いいでしょ。ちゃんと返すから。
教師：いま持っていないから。
生徒１：別にいまとは言っていないじゃん。明日でいいから。いやなの？　どっちなの？
教師：……じゃぁ、明日持ってくるよ。

パターン２
生徒２：ねぇ。このあいだ君が持っていたＣＤ貸してくれない？
教師：いやだよ！　何でおまえに貸さなきゃならないんだよ。
生徒２：いいでしょ。前から聴きたかったんだ。
教師：聴きたきゃ自分で買えばいいじゃん。
生徒２：だってお金ないんだもん。いいでしょ。ちゃんと返すから。
教師：けちんじゃねーよ！　レンタルショップにもあるじゃん。
生徒２：そんな言い方しなくてもいいじゃない。
教師：とにかく貸さねーよ！　人に貸すために買ったんじゃないんだよ！

パターン３
生徒３：ねぇ。このあいだ君が持っていたＣＤ貸してくれない？
教師：あのＣＤのこと？
生徒３：そうそう。いいでしょ。前から聴きたかったんだ。
教師：あのＣＤは貸せないんだ。
生徒３：どうして？
教師：前から欲しくてやっと買うことができたんだ。私にとって大切なものだからごめんね。
生徒３：そこを何とか頼むよ。ちゃんと返すから。
教師：以前、大切なものを貸していやな思いをしたことがあってね。あなたのことを信じないのではなくて、もし何かあって、後悔するのもいやだし、友達のあなたを責めるようなことになってもいやだから、今回はごめんね。もし、同じアーティストの別のＣＤでもいいなら貸せるよ。

練習をしましょう

　あなたは、友達と一緒に帰る約束をしました。しかし、正門の前でずっと待っていたのに、とうとう友達は来ませんでした。あとでわかったのですが、友達は違う人と帰ったようです。翌日、あなたは、いつもどおり友達と学校で会ったのですが、昨日のことについては友達は何もふれません。それどころかまるで昨日の約束のことは忘れているようです。

　そして、今日もあなたと何か約束をしようとしています。
　あなたは、どのように話しますか。もちろん、約束をしてもしなくてもいいです。
　下のセリフから始めて、その続きを各自でしてみましょう。

相手役	（いつもどおりクラスで会って）「おーい！　あのさぁ」
自分	「なあに」
相手役	「今日学校から帰ったら、君の家に行くから、おまえのゲームやろう。絶対な!!」

ポイント
1　相手を怒らせることが目的ではない。
2　自分の気持ちを伝えることは大切。

注意点
◎自分役の人──＊無視するのは論外です。＊今後も同じクラスにいる仲間です。
◎相手役の人──＊いつもの調子で遊ぶ約束をします。＊対等の友達です。

| ワークシート | ものは言い方 |

組　名前 _____

1　それぞれのケースで，あなたが生徒1～3の立場のとき，パターン1～3の教師に対してどんな気持ちになりますか。

パターン1	
パターン2	
パターン3	

2　パターン1～3の教師の受け答えに対して，下の言葉の中から，それぞれの教師に当てはまると思うものを選んで表を完成させてください。

パターン1	パターン2	パターン3

― 選ぶ言葉 ―
①怖い　　②引っ込み思案，「おとなしい」　　③さわやかな感じ
④はっきりしない　　⑤はきはきしている　　⑥自分勝手　　⑦いじわる
⑧いばっている　　⑨いじいじしている　　⑩相手を考えた上手な話し方
⑪自分をもっていない，言いなり　　⑫わがまま　　⑬自分にストレスがたまりそう
⑭相手を怒らせそう　　⑮自分の気持ちもわかってもらえそう　　⑯その他（　　）

3　あなたは，パターン1～3のどの教師になりたいですか。
　[　　　　　]の教師がいい。
＊どうしてですか。
[　　　　　　　　　　　　　　　　　　　　　　　　　　　　　　　]

振り返りシート

1　今日のエクササイズに積極的に参加できましたか。

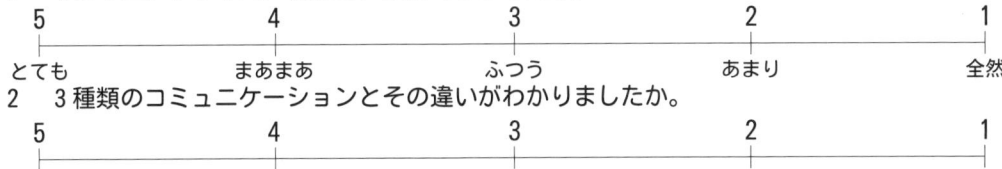

　　5　　　　　　4　　　　　　3　　　　　　2　　　　　　1
　とても　　　まあまあ　　　ふつう　　　あまり　　　全然

2　3種類のコミュニケーションとその違いがわかりましたか。
　　5　　　　　　4　　　　　　3　　　　　　2　　　　　　1

3　わからないことや，むずかしかったことを書いてください。
[　　　　　　　　　　　　　　　　　　　　　　　　　　　　　　　]

4　ロールプレイをやってみてどうでしたか。感じたことを書いてください。
[　　　　　　　　　　　　　　　　　　　　　　　　　　　　　　　]

●第2章　社会性を育てる授業の指導案35

13 友達にタバコを誘われたら
～こんなとき，どうする？①～

身につけさせたいスキル等
- ●規範意識　●善悪の判断
- ●決断力

● **ねらい**

自分の意思で決定することの大切さを学び，ロールプレイを使って友達からタバコを勧められたときの望ましい断り方（スキル）を習得することができる。

● **本時の授業**

＜展　開＞

	学習活動の内容	指導上の留意点	資料など
導入（10分）	1　本時のねらいと授業の進め方を知る。 「今日は，友達や先輩などからタバコを勧められたときの，上手な断り方について学習します。まずは，『喫煙の意思決定過程』を見てください」 2　喫煙習慣化の過程の説明を聞く。 「初めの1本が怖い」	・授業の流れは，掲示物で提示する。 ・横，または縦で学習活動の1～7を示す。 　1　○○○→2　○○○→3　○○○…… 　　　（△分）　　　（△分） ・ニコチン依存症にふれる。 ・最初の1本に手を出さないことが大事だと強調する。 〈喫煙の意思決定過程〉 ①　1本試すことを決める。 ②　1本以上吸ってもいいと決める。 ③　自分のお金で1箱買うことを決める。 ④　タバコを切らさないようにすることを決める。 ⑤　食後に一服吸うことを決める。	掲示物 喫煙の意思決定過程
展開（30分）	3　喫煙防止のためのロールプレイ台本に記入する。 「それでは，上手な断り方	・ロールプレイは劇ではないことを説明する。 「ロールプレイとは，役割になりきって演じてみることで，自分で気づかなかった気持ちを体	ロールプレイ台本

	について実際にやってみましょう。まず，『喫煙防止のためのロールプレイ台本』を見てください」	験してみること，味わうことです」 ・この台本のような状況に置かれたら，自分はどういう態度をとるか，生徒に記入させる。 ・必要に応じて，教師がデモンストレーションを行う。	
	4 「ロールプレイの約束」を読む。 「台本ができたようなので，班ごとにロールプレイをしてみてください。1人がタバコを勧められる人，もう1人が勧める人，あとの人は観察者です。『ロールプレイの約束』を確認します。ぜひ守ってください」	・机を生活班の隊形にさせる。 ・観察者の役割が重要なことにもふれる。	ロールプレイの約束
	5 ロールプレイを行う。 6 ロールプレイを振り返って感じたことを発表する。	・教師の合図で開始し，合図で終わる。 ・（演技2分＋振り返り2分）×人数 ・班員全員に，3つの役割を必ず体験させる。 ・教師は，それぞれの生徒が体験したことを共有できるように，指導助言する。	ストップウォッチ
まとめ（10分）	7 まとめを板書する。	・喫煙をめぐる環境について知らせる。 ・何が正しいかを決定するのは自分自身であること，どんな態度でどんな言葉で，自分の意思を伝えるかを再確認する。 ・初めの1本を吸わないことが重大な行動選択であることを強調する。	

●評　価

　友達から誘われても，自分の意思を自分の言葉や態度で表現し，断ることができたか。

(観察) (ロールプレイ台本)

喫煙防止のためのロールプレイ台本

　　　　　　　　　　　　　　　　　　組　名前 _____

● タバコが健康によくないということは，多くの人が理解していますね。しかしそれでも多くの人が，まだタバコを吸っています。なぜでしょう。
　ひとつには，多くの人は若いころにタバコを吸い始めたために，「やめたい!!」と思っていてもやめられなくなっているのです。そういった人たちの中には，友達に誘われて，友達と違ったことはしたくないとの思いから，吸った人も少なくありません。
　さて，ロールプレイをするにあたり，自分の考えを言葉に表してみましょう。友達があなたにタバコを勧めています。あなたは，吸う意思はありません。
　あなたは，友達からの誘いにどんなふうに答えますか。次の会話の空いたところにあなた自身の言葉を書き込んでみましょう。

友達：「やあ，＿＿＿＿＿＿さん，タバコ吸ってみないか」
　　　　　　　　（あなたの名前）

自分：
　　┌─────────────────────────────┐
　　│　　　　　　　　　　　　　　　　　　　　　　　　　│
　　│　　　　　　　　　　　　　　　　　　　　　　　　　│
　　│　　　　　　　　　　　　　　　　　　　　　　　　　│
　　└─────────────────────────────┘
　　（あなたの「いや」という返答）

友達：「何で吸わないんだ。こわいのか？　ガキだなあ」

自分：
　　┌─────────────────────────────┐
　　│　　　　　　　　　　　　　　　　　　　　　　　　　│
　　└─────────────────────────────┘

友達：「ハハハ，タバコ吸ったって体に悪くないぜ。調子いいばっかりだ」

自分：
　　┌─────────────────────────────┐
　　│　　　　　　　　　　　　　　　　　　　　　　　　　│
　　└─────────────────────────────┘

友達：「ほかの人もいっぱい吸っているんだ。吸わないと，仲間になれないぞ」

自分：
　　┌─────────────────────────────┐
　　│　　　　　　　　　　　　　　　　　　　　　　　　　│
　　└─────────────────────────────┘

◇このプリントをもとに，グループ内でロールプレイをしてみましょう。
　その後，グループの発表をどうするか，まとめてみましょう。

喫煙の意思決定過程

決定No.1　　１本試すことを　決める

決定No.2　　１本以上吸ってもいいと　決める

決定No.3　　自分のお金で１箱買うことを　決める

決定No.4　　タバコを切らさないようにすることを　決める

決定No.5　　食後に一服吸うことを　決める

ロールプレイの約束

① そうした状況にあなた自身が置かれたとしたら，どういう態度や行動をとるかを考えて，あなた自身のシナリオを作りましょう。

② ロールプレイは劇ではありません。シナリオは簡潔に！（長くても３分以内）

③ 役を割り当てる際には，あまり現実に近い配役は避けましょう。

④ ロールプレイ中は，ほかの人（周りの人）は，口をはさまないようにしましょう。

● 第2章　社会性を育てる授業の指導案35

14 薬物の誘惑から身を守ろう
〜こんなとき，どうする？②〜

身につけさせたいスキル等
● 規範意識　● 善悪の判断
● 決断力

● ねらい

1　グループ学習を通して，薬物の誘惑から身を守る方法を考えることができる。
2　ロールプレイを通して，薬物乱用に誘われたときの有効な対処の仕方（スキル）を身につけることができる。

● 本時の授業

＜事前準備＞

・薬物乱用の恐ろしさについて，学習させておく。

＜展　開＞

	学習活動の内容	指導上の留意点	資料など
導入（5分）	1　本時の学習のねらいと授業の流れを知る。「今日は，友達や先輩などから薬物を勧められたときの，上手な断り方について学習します」	・ねらいや流れを，掲示物で提示する。 ・横，または縦で学習活動の1〜5を示す。 1　○○○→2　○○○→3　○○○…… 　（△分）　　　（△分）	掲示物
展開（30分）	2　グループ学習 ・薬物の誘惑から身を守る方法を，具体的に考える。「それでは，上手な断り方について考えてみましょう。まずワークシートを見てください」 ・グループで意見をまとめ，ワークシートに記入する。 3　ロールプレイ 「それでは，ワークシートをもとに，ロールプレイに	・生活班でグループを作らせる。 ・ワークシートの記入について説明する。 ・ロールプレイはいわゆる「劇」ではないことを説明する。	ワークシート ストップウォッチ

	取り組んでみましょう」 ・目的と方法を理解する。 ・ワークシートをもとに，ロールプレイを行う。 ・ロールプレイ3分 　→ 振り返り5分 ・時間の許すかぎり，役割を交代しながら行う。	「役割になりきって，それぞれの立場でどのように感じているかを体験してみましょう」 ・「始め」「終わり」等の指示は教師が行う。 ・ロールプレイ中は，観察者には口をはさませない。 ・「振り返り」は，観察者，誘う人，誘われる人の順で行う。 ・気持ちの切りかえがうまくできない生徒には，教師が適切な支援を行う。 ・時間があれば，デモンストレーションを行う（教師が「誘う人」になる）。	
まとめ（15分）	4　今日の学習を通してわかったことを発表する。 5　教師のまとめを聞く。	・2，3名程度に発表させる。 ・発表について，今後の生活のなかで生かすという視点で講評を述べる。	

● 評　価

1　グループ学習を通して，薬物の誘惑から身を守る適切な方法を考えることができたか。
　ワークシート　観察

2　ロールプレイを通して，薬物乱用に誘われたときの有効な対処の仕方（スキル）を演じることができたか。　観察　発表

| ワークシート | 薬物乱用防止教育 |

　　　　　　　　　　　　　　　　　　　　　　　　組　名前＿＿＿＿＿＿＿＿＿＿

1　薬物に誘われたときの有効な対処の仕方

●薬物に誘われたときの有効な対処の仕方は状況や相手によって違ってきますが，左下の①～③から誘われた場合，断るためにどのような対処をしたらよいでしょうか？
　右下のA～Cの中から選び，線で結んでください。

① 売　人　　　・　　　・A　理由を言ってはっきり断る。
② 先輩・知人　・　　　・B　場合によっては，すすめる相手に対して，逆にやめるよう
③ 友　達　　　・　　　　　に助言する。
　　　　　　　　　　　・C　断り，その場から素早く立ち去る。

2　薬物の誘いを断る方法

●下記の物語を読み，自分ならどのような言葉で断るか，相手が①先輩・知人の場合，②友人の場合のどちらかの場合を選んで答えを考え，書いてください。

＜物語例＞

> 　A子の通う中学では，もうすぐ文化祭です。毎日遅くまで学年劇の練習をしたり，学校から帰るとすぐに塾へ行かなければならない日々が続き，A子は毎日「疲れたなー」と思っていました。朝になると起きるのが辛く，やっと起きて学校に行くような状態でした。
> 　そんなある日，塾の帰りに①T先輩，②塾の友達のMに会いました。T先輩・Mは「A子ちゃん，疲れているみたいだね。顔色も悪いしどこか悪いんじゃないの。疲れがとれて，頭がすーっとして元気になる，すごくいい薬があるよ。2000～3000円するけれど，欲しいなら売ってくれる人を紹介するよ」と言われました。

※どちらかに〇をしてください。
　相手が　①T先輩　　②塾の友達のM　の場合

＜自分の断る言葉＞

```
　
　
　
　
```

3 ロールプレイ

＜班の中での役ぎめ＞

		第1回目	第2回目
誘う人（①先輩・②友人）	名前	先輩・友人	先輩・友人
誘われる人（中学生）	名前		
観察者	名前		
	名前		
	名前		
	名前		

＜終了後の話し合いの結果＞

1回目

2回目

4 授業後の感想

15 「不安や悩み」を考えよう
~ロールプレイを通して心情を考える~

身につけさせたいスキル等
- 他者理解
- 思いやり

●ねらい

1. 同級生がもつ不安や悩みに気づくとともに理解する。
2. ロールプレイを通して，自分の気持ちを表現する。
3. 自分を支えてくれる周囲の人たちの気持ちを感じ取る。

●本時の授業

＜事前準備＞

・「不安・悩みアンケート」の実施

アンケートの例

Q1 いま，あなたはどんなことを悩んだり，考えたりしていますか。具体的に書いてください。とくになければ，「なし」と書いてください。

①勉強や成績について　②進路について　③学級について　④友達関係について
⑤異性のことについて　⑥自分の性格について　⑦自分の体や容姿について
⑧部活動について　⑨家族や家庭生活について　⑩その他

Q2 あなたは，悩みを抱えたとき，だれに相談しますか（いくつに○をつけても可）。

①親に相談　②担任に相談　③担任以外の先生に相談　④兄弟や親戚に相談
⑤学級の友達に相談　⑥部活動の友達に相談　⑦それ以外の友達に相談
⑧先輩に相談　⑨だれにも相談できないことがある　⑩相談する人がいない

・演技者の募集……生徒たちの様子を観察しながら，強制することなく集める。
・演技者による劇内容の検討……劇の場面設定を考えさせることを通して意欲を高める。
・劇の練習……事前に演じることで劇に対する抵抗感を少なくする。

	学習活動の内容	指導上の留意点	資料など
導入	1 本時の活動テーマについて，司会者より発表す	・アンケートによる学級の実態調査などをもとに，活動の課題を提示させる。	アンケートのまとめ

（10分）	る。		（模造紙）
展開（35分）	2　ロールプレイ ・司会者の生徒が場面の設定と役割の発表を行う。 ・それぞれの場面を演じてみる。 　①　教室の場面 　②　勉強部屋の場面 　③　先生に相談する場面 　④　部屋でゲームをしている場面 　⑤　家庭訪問の場面 　⑥　家を飛び出す場面 　⑦　ドラマの終末段階について設定し，みんなで考える。	・演じる生徒には，事前に場面設定と役柄を知らせる。ただし，あくまでも場面設定だけであり，用意されたセリフなどはない。 ・ここでは，教師が「監督」となり，司会者の生徒と共に進めていく。 ・場面に応じて，「ストップ」をかけ，「ダブリング」や「スイッチ」などの技法を用いながら，観客も巻き込んでいく。 　・ストップ……質問タイム 　・ダブリング……B，母親，先生の気持ち 　・スイッチ……Bと母親 ・時間がなければ，⑥の場面は省略する。 ・⑦観客である生徒たちが考えた場面：このあとの展開については，観客も巻き込み考えさせる。母親や先生，友達をみんなに演じさせ，探しているときの気持ちや見つかったときの気持ちを考えさせる。 〈例〉 　・みんなが探す場面。母親や先生，友達が探している。 　・家に戻ってきた場面。母親や担任の先生と出会う。	場面設定プリント 演じる生徒の要求により小道具を用意しておく。
まとめ（5分）	3　振り返りをする。 ・本時の活動の感想を発表する。	・本時の活動テーマに沿い，書かせるのではなく，口頭で表現させる。	

●評　価

1　不安や悩みを理解することができたか。observe 観察 振り返り

2　役割を通して，自分の気持ちを素直に表現することができたか。観察 振り返り

3　自分を支えてくれる周囲の人たちの温かい気持ちを感じることができたか。観察 振り返り

ロールプレイ（心理劇）について

●生徒の実態とロールプレイの導入

　現在の青少年問題を考えるうえで，「キレる」「いきなり」といった言葉がキーワードとなっている。これらのことについて，生徒たちにアンケート調査を実施したところ，その原因として「ストレス」をあげる者が多かった。ストレス要因として，「社会の変化に対する不安」「勉強などの個人の悩み」「大人たちの有言不実行」「親の大きすぎる期待」といったものから，「忙しさ」「時間のなさ」「遊びの不足」「我慢を学んでこなかった」「家庭での会話が不足している」等，多くの事柄をあげることができる。

　本授業では，ストレス要因の「不安や悩み」に対処するために，「心を開き，自分の気持ちを表現する」ことを目的としてロールプレイに取り組む。

●ロールプレイとは

　心理劇的集団療法の一つの技法とされているが，人間を理解する方法として利用されている。実際には，考えようとするテーマにそって，監督（教師）が劇（ドラマ）の場面を設定し，参加者の何人かに役割を与えて演じてもらう。ほかの人は観客として劇を観る。監督（教師）が劇を終了させたあと，参加者全員でテーマにそって討論を行う。目の前で演じられた劇を通して，新たな意味を発見することや，他者理解を深めることになる。

●ロールプレイの主な技法

> **ダブリング（二重自我法）**
> 　ある役割をとる演技者に対して，観客などのほかの人が身振りや言葉などをまねてみたり，心情を代弁したりしながら，演技者のもっている心理的葛藤や矛盾などをはっきりさせていく方法。

> **スイッチ（役割交代法）**
> 　演技者①と演技者②のやりとりのあとに，その役割を交代して演じる方法。互いの立場について理解することができる。

> **ミラー（鏡映法）**
> 　演技者の演じ方について，ほかの人がそっくりそのとおりにまねてみる方法。自分をあらためて知る機会を得ることになる。

> **ストップ**
> 　演技の途中でストップをかけ，演技者の気持ちや観ている観客の気持ちについて質問し，課題を徐々にはっきりさせる。

場面設定プリント

　中学1年生のB君は，勉強や将来のことを考えるといつも不安になります。そのため，①学校でも家でもなんとなくイライラした毎日を過ごしています。勉強をしなくてはいけないことは十分にわかっているのですが，机に向かっても集中できません。そのため，②勉強の話で母親と口論になることが増えてきました。③先生に相談しても「やる気の問題だ」と言われます。先日行われたテストでも思ったような結果が出ませんでした。そのため，勉強のことから逃げ出したくなることがあります。そこで，友達と出かけたり，④一人家で音楽を聴いたり，ゲームをしてみるのですが，いままでのような楽しさは感じません。今日の⑤家庭訪問でも，親や先生の期待を感じ，ますますプレッシャーがかかってきてしまいました。その日の夜，またもや⑥母親と口論になり，ついカッとなり物にあたった末，家を飛び出してしまいました。

具体的場面（ア：登場人物　イ：具体的な場面　ウ：効果的な技法とねらい）
①　教室の場面……友達との会話，なんとなくイライラしているB君。
ア：B，友達C，友達D
イ：友達の話もなんとなくうわの空で聞き，イライラしている様子を演じる。
ウ：ダブリングやミラー……イライラ感をはっきりさせる。
②　勉強部屋の場面……母親が入ってきて，勉強のことで口論になる。
ア：B，母親
イ：勉強をしていない様子に母親が怒る場面を演じる。
ウ：ストップやスイッチ……日常生活によくある場面であることを再認識させる。
③　先生に相談する場面……勉強に集中できないことを相談する。
ア：B，先生
イ：イライラしている自分を理解し，先生に相談に行く場面を演じる。
ウ：スイッチ……どう答えてほしいのか考えさせる。
④　部屋でゲームをしている場面……部屋で一人，テレビゲームをやっている。
ア：B
イ：ゲームをしているが，あまり楽しそうではない場面を演じる。
ウ：ダブリング……勉強から逃げている自分と葛藤していることを理解させる。
⑤　家庭訪問の場面……母親と一緒に面談をする。
ア：B，母親，先生
イ：先生の話が勉強のことを中心に進む場面を演じる。
ウ：ストップ……B役に質問し，追いつめられていく心情を引き出す。
⑥　家を飛び出す場面……母親と口論の末，家を飛び出す。
ア：B，母親
イ：家庭訪問が終わり，またもや勉強のことで口論になる場面を演じる。
ウ：スイッチやダブリング……単なる対立ではないことに気づかせる。

16 合唱祭に向けて目標をつくろう
～パート仲間で協力しよう～

身につけさせたいスキル等
- 協調性
- 役割遂行力

●ねらい

1. 合唱祭への取組み（パートリーダーの育成）を通して協力性を高めることができる。
2. 合唱祭にかかわる話し合いを通して共有できる目標を設定することができる。

●本時の授業

＜事前準備＞

- 合唱祭の実行委員を選出しておく。
- 合唱祭の課題曲を決めておく。
- 各パートリーダーを選出しておく。

＜展　開＞

	学習活動の内容	指導上の留意点	資料など
導入（5分）	1　本時の目的を確認する。 「今日は合唱祭に向け，クラスの協力について学習します。みなさんは合唱祭が成功するためにどんなことが大切だと思いますか。みなさんで決めた課題曲を聴きながらそれぞれ考えてください」	・授業の流れを提示する。 ・合唱祭の曲を聴くため，事前に音楽室を確保しておく。 ・課題曲の楽譜を黒板掲示用に拡大コピーしておく。 ・パートごとに着席させておく。 ・上手に歌うことはもちろんである。しかしながら，本授業では「歌う」ことに対する心理的抵抗を軽減させたい。	課題曲の拡大コピー
展開1（15分）	2　合唱曲を視聴し，個人の考えを記入する。 「曲を聴いて，合唱祭に向けてクラスでどのように取り組むことが大切なのか，	・「合唱祭を成功させよう」シートを配る。 ・合唱の課題曲を聴かせる。 ・箇条書きで思いつくことを可能なかぎり書かせる。記入できない生徒は個別支援するようにする。	デッキとCD 「合唱祭を成功させよう」

	配布したシートに記入してください」		
展開2（20分）	3　パート別で話し合う。 「各パート別に，各自で書いた意見を発表してください。パートリーダーの人は，出された意見をまとめてください」 4　意見を発表する。 「リーダーは自分のパートで話し合った内容について発表してください」 5　合唱曲を練習する。	・参加意識の低いパートがあることが予想される場合，教師は必要に応じて介入していく。 ・パートごとに自分の書いた意見を発表し合い，まとめる。 ・話し合いがスムーズに進まない場合はアドバイスし，そのパートを支援する。 ・恥ずかしがらずに発表する。 ・聞く人はシートに記入する。 ・発表後は拍手をする。 ・話し合ったことを踏まえて，どのような点に注意したらよいかを考えて歌わせる。	「合唱祭を成功させよう」
まとめ（10分）	6　振り返り 7　感想発表 8　まとめ	・振り返りシートに記入する。 ・感想発表をする。 ・今日の授業のまとめをする。	振り返りシート

● 評　価

1　話し合いのルールを守り，積極的に意見交換をすることができたか。（観察）（振り返りシート）

2　話し合いの中で，行事への意識を高めることができたか。（観察）（振り返りシート）

3　合唱祭へ向けての目標をつくることができたか。（観察）（振り返りシート）

［参考図書］國分康孝監・片野智治編『エンカウンターで学級が変わる　中学校編』1996年，図書文化社

合唱祭を成功させよう

組　名前 _____

● いよいよ合唱祭が行われます。そこでクラスでは，合唱祭を思い出に残る行事にするために，今日の授業で，合唱祭の練習の取組みについてみんなで考えていきたいと思います。

● 合唱祭を成功させるためにあなたが考えることをたくさんあげてください。

```
┌─────────────────────────────────────────┐
│                                         │
│                                         │
│                                         │
│                                         │
│                                         │
└─────────────────────────────────────────┘
```

● パートの人たちの話をまとめてください。

```
┌─────────────────────────────────────────┐
│                                         │
│                                         │
│                                         │
└─────────────────────────────────────────┘
```

● クラスで話し合ったことをまとめてください。

```
┌─────────────────────────────────────────┐
│                                         │
│                                         │
│                                         │
│                                         │
│                                         │
└─────────────────────────────────────────┘
```

振り返りシート

　　　　　　　　　　　　　　　　　　　組　名前 _____

1　今日の「合唱祭を成功させよう」に、しっかり取り組めましたか。

```
  5            4            3            2            1
 ├────────────┼────────────┼────────────┼────────────┤
 とても        まあまあ      ふつう         あまり        全然
```

2　友達を知ることはできましたか。

```
  5            4            3            2            1
 ├────────────┼────────────┼────────────┼────────────┤
```

3　自分の意見をはっきりと言うことができましたか。

```
  5            4            3            2            1
 ├────────────┼────────────┼────────────┼────────────┤
```

4　今日の「合唱祭を成功させよう」を通して感じたこと・今後に生かしたいことなどを何でも書いてください。

● 第2章 社会性を育てる授業の指導案35

17・18・19 合唱祭に向けて協力しよう
～共同コラージュ作りを通して～

身につけさせたいスキル等
- 協調・協力性
- 相互理解

●ねらい

1 共同コラージュ作りを通して，自分の考えをアサーティブに表現することができる。
2 共同コラージュ作りを通して，他者の考えに耳を傾けることができる。
3 共同コラージュを協力して作り上げることができる。

「コラージュ」というのはもともと「はり付ける」を意味するフランス語で，ピカソやブラックの始めたパピエ・コレから発展した技法。雑誌やパンフレットなどから，自分の気に入った写真や絵，イラストなどを切り抜いて画用紙の上に好きなようにはって1つの作品を作るものである。

●本時の授業（3時間扱い）

＜指導計画＞

- 共同コラージュ制作の目的を知り，作業に必要なルール（マナー）作りをする。……A（50分）
- 共同コラージュの制作をする。……B（50分）
- 発表会をする。自分たちの作品の制作過程を振り返り，またほかのパートのよいところを見つけ，応援メッセージを送る。……C（50分）

＜展開A＞共同コラージュ制作の目的を知り，作業に必要なルール作りをする

	学習活動の内容	指導上の留意点	資料など
導入（5分）	1 ウォーミングアップをする。	・クラスで歌う合唱曲を聴かせ，曲のイメージをふくらませる。	CDとデッキ
展開（35分）	2 共同コラージュを作るねらいと方法を知る。	・コラージュは見本を用意して，生徒がどんなものを作るのかイメージできるようにする。美術科の協力を得るとよい。 ・先輩が昨年作った作品がある場合は，そのと	コラージュ見本

		きの合唱曲とともに，作品のよいところを中心にほめながら紹介する。 ・次の時間に用意するもの，コラージュの材料になりそうなものの例を示す。	
	3　共同コラージュ制作のルール作りをする。 ・個人で考える。コラージュを共同で作るために大切にしなければならないこと，ルールを1人3枚ずつカードに書く。 ・グループで話し合い，まとめる。個人の意見を出し合って似ているものをまとめ，それにタイトルをつける。 ・各グループの発表係を中心に，クラス全体へ発表する。 ・クラスでまとめる。お互いにクラスのルールを確認していく。	・自分の机で前を向いて個別に考える。 ・カードの色は，ソプラノ，アルト，男声パートで色分けし，自分のパートの色3枚に書かせる。 ・グループは女声パート（ソプラノ・アルト）各2つずつ，男声パートは3つに分ける。グループは事前に作らせておくとよい。人数は均等でなくともよい。 ・グループごとに机をぴったりつける。司会，発表，整理の係を役割分担し，協力して話し合いができるようにする。 ・話し合いは，アサーティブな表現を用いながら自分の意見を出し合えるようにする。 ・話し合いがうまく進まないグループには教師が介入し，アドバイスする。 ・机はグループのままでよいが，体は発表者の方に向けて聞く。 ・各グループの発表をさらにまとめ，教室に掲示しておく（授業後の作業）。	カード 画用紙 模造紙 フェルトペン
まとめ(10分)	4　今日の振り返りをする。 5　次回の学習の確認をする。	・時間に余裕がなければ，シートに個人で記入後，数人だけ発表させる。	振り返りシートA

●Aの評価

1　積極的に話し合いに参加し，人の意見に耳を傾けることができたか。観察 振り返りシート

2　自分の意見を，さわやかにアサーティブな表現で言うことができたか。観察 振り返りシート

3　合唱祭，コラージュ制作に向けて意識を高め，また協力して取り組む姿勢をつくることができたか。観察 振り返りシート

[出典] 石黒康夫「共同コラージュ」，國分康孝監修『エンカウンターで学級が変わる　Part3　中学校編』1999年，図書文化社，pp.192-195

●第2章　社会性を育てる授業の指導案35

＜展開B＞共同コラージュの制作をする

	学習活動の内容	指導上の留意点	資料など
導入（3分）	1　今回の学習の目的を確認する。	・前時に作成した，自分たちで作ったルールの掲示物を読みながら，確認させる。	作成したルール
展開（40分）	2　コラージュ作りをする。 ・自分たちで決めたルールに則り，曲のイメージをふくらませ，話し合いながら作業を進める。	・グループごとに机をしっかりつけて作業をする。美術の作品としての上手さを競うものではない。 ・曲のイメージを表現するために協力して話し合いが進められているか，作業ができているかを観察する。 ・本来の目的から離れたり，話し合いが全然進まないところには，教師が助言に入る。 ・合唱曲のパート別テープを流したり，全体で合わせたテープなどを流したりして，雰囲気を盛り上げるのもよい。	画用紙 のり はさみ 雑誌 広告 新聞紙
まとめ（7分）	3　今日の振り返りをする。 4　次回の学習の確認をする。	・振り返りシートに記入し，数人に発表させる。 ・作品はしっかり保管させる。 ・作品の進度がたいへん遅いグループに対しては，昼休みなども使って進めておくように指示をする。	振り返りシートB

●Bの評価

1　意見を出し合い，協力して作業を進めることができたか。[観察] [振り返りシート]

2　作品を8割以上仕上げることができたか。[観察] [振り返りシート]

＜展開C＞共同コラージュ作品を仕上げ，発表会をする

	学習活動の内容	指導上の留意点	資料など
導入（5分）	1　今日の学習の目的を確認する。 2　今日の仕事の手順を確認する。	・自分たちで決めたルールの再確認をする。 ・前半で作品を仕上げること，後半は発表会になるので，作品を仕上げるのと並行して発表内容をまとめておくことを指示する。	

展開（40分）	3　コラージュ作りの仕上げをし，発表会に向けてグループで話し合う。	・グループごとに机をしっかりつけて，作業を進める。曲のパートのイメージにより近づけるように作品をまとめる。 ・ルールに則って取り組めたか，また自分たちの仕事のよかった点・工夫した点と改善点を話し合い，発表できるよう準備をする。 ・発表の順番を黒板に掲示し，流れを明示するとよい。 ・机は全員前を向く形にする。	
	4　各グループの作品を発表する。 5　各グループへのメッセージを書く。	・グループ全員が前に出て，作品を持つ人・発表する人などに役割を分担して臨む。 ・それぞれの作品のよいところと，本番へ向けてのメッセージをカードに書かせる。プラスの言葉で書くようにする。 ・カードは個人ごとに書いてもよいし，グループごとでひとつにまとめてもよい。 ・どのパートからのメッセージかわかるように，カードをパート別に色分けするとよい。 ・時間があれば，読み上げて発表させる。余裕がなければ掲示発表にする。	メッセージカード 色別カード
まとめ（5分）	6　今日の振り返りをする。	・振り返りシートに記入し，数人に発表させる。	振り返りシートC

● Cの評価

1　意見を出し合い，協力しながら作品を仕上げることができたか。 観察 振り返りシート

2　ほかのグループの作品のいいところを見つけることができたか。 観察 振り返りシート

3　合唱祭本番に向けて，前向きに取り組んでいこうという気持ちを高めることができたか。 観察 振り返りシート

＜事後指導＞

・合唱祭本番まで作品を教室に掲示し，雰囲気を盛り上げるとともに，自分たちの取り組みの励みとする。

振り返りシートＡ

　　　　　　　　　　　　　　　　　　　　組　名前 _____

1　積極的に話し合いに参加することができましたか。

```
  5          4          3          2          1
  |----------|----------|----------|----------|
 とても     まあまあ    ふつう     あまり     全然
```

2　人の意見に耳を傾けることができましたか。

```
  5          4          3          2          1
  |----------|----------|----------|----------|
```

3　自分の意見をアサーティブに言うことができましたか。

```
  5          4          3          2          1
  |----------|----------|----------|----------|
```

4　コラージュ制作や合唱祭に向けて協力してやっていこうという気持ちを高めることができましたか。

```
  5          4          3          2          1
  |----------|----------|----------|----------|
```

5　ひとこと感想

```
┌─────────────────────────────────────────────┐
│                                             │
│                                             │
│                                             │
│                                             │
│                                             │
│                                             │
└─────────────────────────────────────────────┘
```

振り返りシート B

　　　　　　　　　　　　　　　　　　　　組　名前 _____

1　みんなで意見を出し合いながら協力して作業を進めることができましたか。

```
5          4          3          2          1
とても      まあまあ    ふつう      あまり      全然
```

2　自分たちで決めたルールを生かすことができましたか。

```
5          4          3          2          1
```

3　曲のイメージを生かした作品を作ることができましたか。

```
5          4          3          2          1
```

4　合唱祭に向けて協力してやっていこうという気持ちを高めることができましたか。

```
5          4          3          2          1
```

5　ひとこと感想

```
┌─────────────────────────────────────────┐
│                                         │
│                                         │
│                                         │
│                                         │
│                                         │
│                                         │
└─────────────────────────────────────────┘
```

振り返りシートC

　　　　　　　　　　　　　　　　　　　　　組　　名前

1　みんなで協力しながら作品を完成させることができましたか。

```
   5           4           3           2           1
   |———————————|———————————|———————————|———————————|
  とても       まあまあ       ふつう       あまり       全然
```

2　自分たちのグループのよい点・改善点を見つけることができましたか。

```
   5           4           3           2           1
   |———————————|———————————|———————————|———————————|
```

3　他のグループのよいところを見つけることができましたか。

```
   5           4           3           2           1
   |———————————|———————————|———————————|———————————|
```

4　合唱祭に向けてプラスのメッセージを発信することができましたか。

```
   5           4           3           2           1
   |———————————|———————————|———————————|———————————|
```

5　ひとこと感想

コラージュ

新聞紙・広告などから
切り出し，新しい絵を1枚作る。

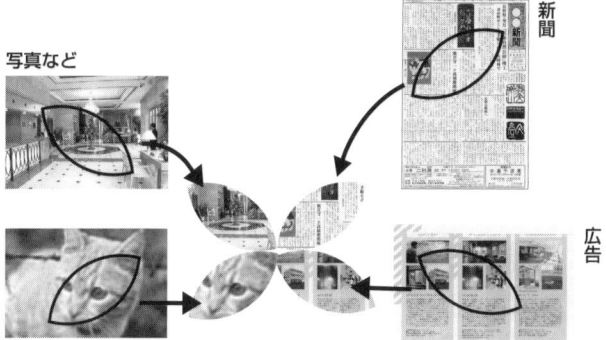

＜生徒作品例＞

●第2章　社会性を育てる授業の指導案35

頼み方の基本
～上手な頼み方①～

身につけさせたいスキル等
- ●表現力　●人間関係調整力
- ●礼　儀

●ねらい

1. 「頼む」ために必要なことや，頼み方の手順を理解することができる。
2. 頼み方の手順を身につけることができる。

●本時の授業

<展　開>

	学習活動の内容	指導上の留意点	資料など
導入（8分）	1　「頼み方」を勉強する必要性について教師の話を聞く（インストラクション）。	・＜教師の話の要点＞人は自分一人だけでは生きていけない。人間社会ではお互い助け合って生きているので，頼むというスキルは不可欠で重要なものである。 　頼むということは相手に動いてもらうことなので，どちらかというと会話の中ではむずかしいほうに入る。頼むときの心構え，適切な手順を理解することが必要である。 　私たちは頼むというスキルを身につけ，向上させ，助け合う人間関係をよりよいものにしていきたい。	
	2　課題に対して自分ならどういう「頼み方」をするか考えてみる。	・＜課題＞筆入れを忘れてしまい，シャープペン等書くものを1日借りなくてはならない。 ・課題の拡大紙を黒板にはるか，板書する。 ・1，2名に頼み方を発表させる。	課題の拡大紙
展開（35分）	3　頼むために必要なことと手順を知る。 ①　信頼感 ②　あいさつ ③　理由 ④　内容 ⑤　あいさつ	・頼み方カードを配布し，それを見せながら確認していく。 ・①の「信頼感」は，助け合っていく仲間という安心感があると頼みやすいこと，また人間は信頼に応えたい，役に立ちたいという気持ちがあること，頼むときにはこれらのことを心に留めておくことが大切だという話をする。	頼み方カード

［参考図書］小林正幸・相川充編『ソーシャルスキル教育で子どもが変わる　小学校』1999年，図書文化社

	4 ［課題］に対する教師の「頼み方」（モデリング）を見たあと，感想を発表する。	・生徒を相手役にしてもよい。 「①②○○さん，お願いがあるんだけど。（相手：何？）③今日筆入れを忘れてきちゃって書くものがないんだ。④シャープペンとか余分にあったら貸してほしいんだけど，どうかな。（相手：わかった，いいよ。）⑤助かった。どうもありがとう。大切に使うから」 ・「自分にもできそうだ」という雰囲気になるとよい。	
	5 頼み方を考えて試してみる。 ・進め方を確認する。 ・頼み方カードの「頼み方表」にまとめる。場面設定は原則として頼み方カードの問題から選ぶ。	・頼み方カードの説明をし，教師のモデリング例を「頼み方表」の形にして，拡大して黒板に掲示しておく（板書してもいい）。 ・③④の理由と内容は，分けなくていい場合もあることを言っておく。 ・言語表現する時間には個人差が出る。頼み方表への記入は10分に区切り，手がつかない生徒がいた場合は教師のモデリングの例をやらせるとよい。早く記入できた生徒は，ほかの設定で考えさせる。	頼み方表の拡大紙
	・「頼み方表」に記入したら友達と練習をする（リハーサル）。	・生徒の状況に応じてどういうペアで練習させるのがいいか，配慮してグループを作る。 ・＜例＞四人一組のグループで，1人がもう1人に頼む。あとの2人は頼む様子を見ていて，よかったことを伝える。交代して全員がすべての役をやるようにする。	
	・頼み方カードの問題ごとに代表を決め，頼み方を全員の前でやる（3組）。 ・代表ごとに，よかったところを発表する。	・机間指導しながら代表をある程度決定しておくとよい。また，生徒の状況や時間に応じて発表を減らしてもよい。 ・生徒が発表したり，教師が評価する。みんなで拍手をし，ねぎらう。	
まとめ（7分）	6 振り返りシートに記入後，感想を発表する。 7 今後の活用について話を聞く（フィードバック）。	・振り返りシートに記入後，感想を発表し，みんなで共有化させる。 ・頼んでも「断られる」ときもあることを伝え，「上手な頼み方②」につなげていく。	振り返りシート

●評　価

1　「頼む」ために必要なことや，頼み方の手順を理解できたか。観察 振り返りシート

2　頼み方の手順を身につけることができたか。観察 振り返りシート

［語句の説明］インストラクション：言葉によって教えること。モデリング：スキルのモデルを示し，それを観察させ，模倣させること。リハーサル：スキルを頭の中，あるいは実際の行動の中で繰り返し反復させること。フィードバック：スキルが適切な場合には認め，不適切な場合には修正を加えること。

頼み方カード

組　名前 ＿＿＿＿＿＿＿＿＿＿＿＿

●頼むために必要なこと・手順は

① 相手は自分を助けてくれる仲間だという**信頼感**をもつこと。
② 頼みがあることを伝える**あいさつ**をする。
③ 頼むことが必要な**理由**を伝えること。
④ 頼みたい具体的な**内容**を伝えること。
⑤ 結果に応じた**あいさつ**をする。
　・頼みをきいてもらったとき：感謝とお願いの言葉を言う。
　・頼みを断られたとき：会話をしてくれたことに対してお礼を言う。

●頼むために必要なこと・手順に従って頼み方を下の頼み方表に整理してみよう。頼む内容は次から選んでください。

設定1　体育祭の準備で机と椅子を出すはずだったのだが，別に急用ができてしまいだれかに頼まなくてはならなくなった。

設定2　あと1週間で定期試験なのだが，風邪を引いて3日ほど休んでしまいそのときの授業のノートを見せてもらいたい。明日持ってくるということで1日貸してもらいたいのだが。

設定3　急に昼休みに体育委員会の仕事で集まらなくてはならなくなった。この日の昼休みには借りていた本を図書室に返す予定があった。今日が返却締め切り日だ。図書室に行っていては体育委員会の屋外の活動に間に合いそうもない。

頼み方表

	頼むときの言語表現	要　点
①	（助け合って生きていく同じ仲間同士であることを意識しよう）	**信頼感**
②		頼みを伝える**あいさつ**
③		頼む**理由**
④		頼む**内容**
⑤		結果に応じた**あいさつ**

振り返りシート

　　　　　　　　　　　　　　　　　組　名前 _____

1　頼み方の基本はわかりましたか。

```
5           4           3           2           1
とても      まあまあ    ふつう      あまり      全然
```

2　実際に頼むのは簡単でしたか。

```
5           4           3           2           1
```

3　適切な頼み方を身につけることは，助け合っていく人間社会にはとても大切なことである，ということが感じられましたか。

```
5           4           3           2           1
```

4　頼み方を練習してみてどのような感想をもちましたか。また、今後頼み事をするときに，とくにどんなことに気をつけたいと思いますか。そのほか，自分の思いを何でも書いてみてください。

91

●第2章 社会性を育てる授業の指導案35

断られたとき
～上手な頼み方②～

身につけさせたいスキル等
- ●表現力 ●人間関係調整力
- ●礼　儀

●ねらい

1. 断られたときの適切な対処の方法を身につけることができる。
2. 頼むときにしてはならないことを理解することができる。

●本時の授業

<展　開>

	学習活動の内容	指導上の留意点	資料など
導入（7分）	1　断られたときのことを考えることを確認する（インストラクション）。 2　一度断られてもできるだけ頼みをきいてもらうにはどうしたらよいか考える。 ・課題を聞き，自分の頼み方を考える。 ・断られたときどうするか発表する。	・頼まれた側がいつも応えてくれるとは限らないので，断られたときのことも考えて行動したほうがよいことを伝える。 ・どうしてもお願いしたいとき，どうしているか思い出させる。 ・＜課題＞Aさんは「総合的な学習の時間」で，図書室のある本が必要になった。しかしその本は同じクラスのBさんが借りていて，1冊しかない。このままでは学習がほとんど進まないのでAさんはBさんに本を貸してもらおうと思い頼んだが，断られてしまった……。	課題の拡大紙
展開（35分）	3　頼みを断られたときどうするかを整理する（インストラクション）。 ①　当然 ②　感謝 ③　反省 ④　交渉 ⑤　あとで頼む　ほかの人に頼む 4　頼むときにしてはならないことを整理する（イ	・頼み方カードを見せたり，説明を聞かせる。 ・①について，相手にも都合があるということを確認させる。 ・④では，交渉の余地があれば交渉し，可能な範囲で協力してもらうようにする。 ・⑤のように，頼むタイミングも大切な要素である。相手の状況をよく見極め，できるだけよいタイミングで話をする。 ・単調な説明に変化をつけるため，生徒の意見を聞きながら穴埋めしていく。	頼み方カード

92

	ンストラクション)。 Ⓐ 自分で［やれる］のに頼む。 Ⓑ 頼んだら，相手は必ず頼みを［きき入れるべきだ］と思っている。 Ⓒ おこったり，泣いたり，［感情］的に言う。しつこく言う。態度で表す。 Ⓓ 頼みをきいてくれないと［嫌がらせ］をする。 Ⓔ 頼み事が［貸し借り］だと思ってしまう。	・Ⓐ自分でやるべきことは自分でやるのが当たり前である。自分では解決できない，あるいは解決する見通しが立たない，そのときに初めて頼むようにする。 ・ⒷⒸⒹ頼みを無理矢理きかせるのは命令のようなものである。感情的になったりして相手の判断を乱したり，強要したりしてはならない。頼みをきくか否かは相手の意思で決定される。また，「頼みをきいてくれた人がいい人で，きいてくれなかった人が悪い人というふうな考え方はしない」ことも心に留めておくと，頼む方も頼まれる方も気持ちが楽になるのではと思う。 ・Ⓔ人が困っている場合は何度でも助けたい。できるかぎりの力を貸したい。	
	5　先生が頼む一例を見る（モデリング）。	・生徒を相手役にしてもよい。 「①②○○さん，お願いがあるんだけど。（相手：何？）君の見ている本，自分も「総合的な学習の時間」で使いたいんだけれど，少し貸してもらえないかな。（相手：今日はこの本を使ってやるのでちょっとむずかしいなあ。）④そう……。それじゃあ授業の後半だけ貸してくれないかな。（相手：それはちょっと約束できないな。）それじゃあ授業が始まる前までいいかな。（相手：うーむ。それならいいよ。）②ありがとう，助かったー」	
	6　感想を発表する。	・むずかしくないんだな，自分にもできそうだという雰囲気があるとよい。	頼み方表の拡大紙または板書
	7　実際に頼み方を考えて試す。	・前出の「上手な頼み方①」の5と同じ内容，展開になる。	
まとめ（8分）	8　振り返る。 9　今後の生活への活用について話を聞く（フィードバック）。	・感想を発表し，みんなで共有化する。 ・頼み方の苦労が減れば，その分ほかに力を注げるだろう。また頼むときの適切な関係が仲間関係をよりよいものにしていくだろう。	振り返りシート

●評　価

1　断られたときの適切な対処の方法を身につけることができたか。(観察) (頼み方カード) (振り返りシート)

2　頼むときにしてはならないことを理解できたか。(観察) (頼み方カード) (振り返りシート)

頼み方カード

　　　　　　　　　　　　　　　組　名前 _____

●頼みに対して断られたときどうするか
　① 断られるということも十分ありえるのだということを**当然**と思う。
　② 断られても，会話をしてくれたことに対して**感謝**の意をもち，それを示す。
　③ 頼み方を**反省**してみて，よりわかりやすくもう一度頼んでみる。
　④ 理由によって交渉の余地があれば**交渉**してみる。
　⑤ **あとでもう一度頼んでみたり**，**ほかの人**でもよければほかの人に頼んでみる。

●頼むときにしてはならないことは
　Ⓐ 自分で［　　　　　］のに頼む。
　Ⓑ 頼んだら，相手は必ず頼みを［　　　　　　　］と思っている。
　Ⓒ おこったり，泣いたり［　　　　］的に言う。しつこく言う。態度で表す。
　Ⓓ 頼みをきいてくれないと［　　　　　　］をする。
　Ⓔ 頼み事が［　　　　　　］だと思ってしまう。

●頼むために必要なこと・手順に従って頼み方を下の頼み方表に整理してみよう。頼む内容は次から選んでください。
　設定1　文化祭の準備で，机と椅子を出すはずだったのだが，別に急用ができてしまいだれかに頼まなくてはならなくなった。
　設定2　体育祭の練習で，A君が休んでしまったので代わりに二人三脚の練習をだれかに一緒にやってほしい。
　設定3　学級アンケートの集計がしめ切り近くで大変になってきた。1人では今日中に終わりそうもない。手伝ってもらえると助かるのだが。

頼み方表

	頼　む　と　き　の　言　語　表　現	要　点
①	（助け合って生きていく同じ仲間同士であることを意識しよう）	信頼感
②		頼みを伝えるあいさつ
③		頼む理由
④		頼む内容
⑤		交渉の余地があれば**交渉**してみる
⑥		結果に応じたあいさつ

振り返りシート

　　　　　　　　　　　　　　　　　　　　　組　名前 _____

1　断られたときにどのように対処すればよいかわかりましたか。

```
5          4          3          2          1
とても      まあまあ    ふつう      あまり      全然
```

2　断られても，また工夫して頼むのは慣れればできそうですか。
　具体的には、「③頼み方を反省してみて，よりわかりやすくもう一度頼んでみる」「④理由によって交渉の余地があれば交渉してみる」ということはできそうですか。

```
5          4          3          2          1
```

3　適切な頼み方を身につけることは，助け合っていく人間社会にはとても大切なことだ，ということが感じられましたか。

```
5          4          3          2          1
```

4　頼み方を練習してみてどのような感想をもちましたか。また，今後頼み事をするときに，とくにどんなことに気をつけたいと思いますか。そのほか自分の思いを何でも書いてみてください。

●第2章　社会性を育てる授業の指導案35

22 相手の気持ちを聞き取ろう
～友達の問題を解決する方法①～

身につけさせたいスキル等
- 他者理解
- 共感性

●ねらい

1. 出来事と感情の両方を聞き取ることから，相手の気持ちを理解することができる。
2. 表情，声のトーンや言い方など非言語的な表現から，相手の感情を読み取ることができる。

●本時の授業

＜事前準備＞

- ワークシートを用意する。
- 2人組を作るときに孤立しそうな生徒への配慮をする（機械的に組ませてもよい）。

＜展　開＞

	学習活動の内容	指導上の留意点	資料など
導入（10分）	1　本時の活動の目的を確認する。 2　リラックスして活動に入れるようにウォーミング・アップのゲームを行う。 〈先生とあいこじゃんけん〉 〈2人組であいこじゃんけん〉	・席を立ち，2人組を作る。 ・2人組で握手をし，もう片方の手でじゃんけんをする。 ・勝った人は負けた人の握手している手の甲を叩こうとし，負けた人はそれを防ぐ。5回戦行う。 ・2人で感想を言い合う。 ・痛くないよう配慮するなど，相手とのリレーションづくりに役立つ声かけをする。	
展開（30分）	3　「あいこじゃんけん」で作った2人組で席につく。	・あいこじゃんけんの様子から，孤立してしまいそうな生徒への支援をする。 ・どの席でもよいから，隣同士になるように座らせる。	

	4 聞き手は聞き取りカード，話し手はセリフカード①を準備する。 ・セリフ1～3を話し手が言い，聞き手が出来事と気持ちを聞き取る。 ・聞き手は，聞き取りカードに記録する。 5 役割を交代する。 ・聞き手は聞き取りカード，話し手はセリフカード②を準備する。	・機械的に右列が聞き手，左列が話し手と決め，最初の役割の分だけカードを配る。 ・話し手は，「感情」が伝わるように表情や言い方などを工夫してセリフを言うよう促す。 ・聞き手は，出来事とともに「感情」を聞き取るようにする。 ・セリフを言うタイミングは，教師が指示をする。間を3分くらいとって一斉に行う。 ・交代した役割のカードを配る。	聞き取りカード セリフカード① 聞き取りカード セリフカード②
まとめ（10分）	6 振り返りをする。 ・実際に出来事と気持ちの両方を聞き取れたか，相手に聞いて確かめる。 ・今日の活動から学習したことをまとめる。 7 次回の活動の確認をする。	・どんなところから，相手の気持ちを聞き取ることができたか考えさせる。 ・聞き取れなかった場合は，なぜ聞き取れなかったのかお互いに考えさせる。	振り返りシート

● 評 価

1　出来事と感情の両方を聞き取ることから，相手の気持ちを理解することができたか。 観察 振り返りシート

2　表情，声のトーンや言い方など非言語的な表現から，相手の感情を読み取ることができたか。 観察 振り返りシート

［出典］滝充編著『ピア・サポートではじめる学校づくり　中学校編』2000年，金子書房

セリフカード①

●話し手は，次のセリフ1～3を，「感情」をこめて読み上げます。

　例えば，「うれしそうに」「いやそうに」「悲しそうに」「つらそうに」「困って」などの気持ちをこめて，相手に伝えてください。

　言い方や表情，しぐさを工夫してみましょう。

　なお，セリフは，自分で言いやすく変えてもかまいません。

　1・2・3で，違う「感情」をこめて言ってみてください。

　セリフ1　　次の日曜日には，家族で親せきの家へ行く予定です。

　セリフ2　　私は，いつも夜遅くまで起きています。

　セリフ3　　明日，大阪からおばあちゃんが来ます。

※滝充編著『ピア・サポートではじめる学校づくり　中学校編』2000年，金子書房，139ページを一部改訂

セリフカード②

●話し手は，次のセリフ1～3を，「感情」をこめて読み上げます。

　例えば，「うれしそうに」「いやそうに」「悲しそうに」「つらそうに」「困って」などの気持ちをこめて，相手に伝えてください。

　言い方や表情，しぐさを工夫してみましょう。

　なお，セリフは，自分で言いやすく変えてもかまいません。

　1・2・3で，違う「感情」をこめて言ってみてください。

　セリフ1　　明日は，鎌倉まで墓参りに行きます。

　セリフ2　　私は，そばが食べられません。

　セリフ3　　今日は，習い事があります。

※滝充編著『ピア・サポートではじめる学校づくり　中学校編』2000年，金子書房，139ページを一部改訂

聞き取りカード

　　　　　　　　　　　　　　　　　組　名前 ＿＿＿＿＿＿＿＿＿＿＿

●聞き手は，話し手のセリフから，「出来事」と「気持ち」を聞き取ってください。
　一度で聞き取れなかったら，セリフを繰り返してもらってください。
　出来事は，何が起きたのか，どんな状態なのか，という事実です。
　気持ちは，その事実に対する話し手の感情です。
　話し手のセリフにどんな気持ちがこめられているか考えてみてください。

　　セリフ1　①出来事 ＿＿＿＿＿＿＿＿＿＿＿＿＿＿＿＿＿＿＿＿＿
　　　　　　　②気持ち ＿＿＿＿＿＿＿＿＿＿＿＿＿＿＿＿＿＿＿＿＿
　　セリフ2　①出来事 ＿＿＿＿＿＿＿＿＿＿＿＿＿＿＿＿＿＿＿＿＿
　　　　　　　②気持ち ＿＿＿＿＿＿＿＿＿＿＿＿＿＿＿＿＿＿＿＿＿
　　セリフ3　①出来事 ＿＿＿＿＿＿＿＿＿＿＿＿＿＿＿＿＿＿＿＿＿
　　　　　　　②気持ち ＿＿＿＿＿＿＿＿＿＿＿＿＿＿＿＿＿＿＿＿＿

※滝充編著『ピア・サポートではじめる学校づくり　中学校編』2000年，金子書房，139ページより転載

振り返りシート

　　　　　　　　　　　　　　　　　組　名前 ＿＿＿＿＿＿＿＿＿＿＿

1　話し手に聞いて，確かめましょう。
　　出来事と気持ちの両方を正しく聞き取れましたか。

2　今日の活動から感じたこと・学んだことを書きましょう。

●第2章　社会性を育てる授業の指導案35

問題を解決させる会話の仕方を学ぼう
～友達の問題を解決する方法②～

身につけさせたいスキル等
- ●他者理解　●共感性
- ●会話力

●ねらい

1. 相手の不安や悩みを理解し，解決のサポートをする会話の仕方を身につけることができる。
2. 相手の不安や悩みを共感的に受け止め，相手に質問しながら解決方法を本人に考えさせ，それを実行しようとする決意を引き出す会話の仕方を身につけることができる。

●本時の授業

＜事前準備＞

- ワークシートを用意する。
- 2人組を作るときに孤立しそうな生徒への配慮をする（機械的に組ませてもよい）。

＜展　開＞

	学習活動の内容	指導上の留意点	資料など
導入（10分）	1　前回の活動を振り返る。 2　リラックスして活動に入れるようにウォーミング・アップのゲームを行う。 〈先生とあいこじゃんけん〉	・席を立ち，2人組を作る。 ・2人組で握手をし，もう片方の手でじゃんけんをする。 ・勝った人が負けた人の握手している手の甲を叩こうとし，負けた人はそれを防ぐ。5回戦行う。 ・2人で感想を言い合う。 ・痛くないよう配慮するなど，相手とのリレーションづくりに役立つ声かけをする。	
展開（30分）	3　いま作った2人組で，席につく。 4　前回の活動を振り返り，本時の活動の目的を確認	・どの席でもよいから，隣同士になるように座らせる。	前回の感想

100

	する。 5　相談する役は，ワークシートを見て，何を相談するか考える。聞き役は，受け止め方を理解する。 6　ワークシートの手順に従って，会話のエクササイズを行う。 7　時間になったら途中でもやめて，役割を交代する。	・聞き役に気持ちを理解させるには，非言語的表現に注意するとよいことを確認する。 ・相談する役の気持ちを受け止める答え方と，解決方法を引き出すために質問を工夫することを理解させる。 ・解決方法の実行計画を立て，励ます会話までいけなくてもよい。	ワークシート
まとめ（10分）	8　振り返りをする。 ・相談する役，聞き役，それぞれをやってみてどうだったかまとめる。 9　今日の活動から学習したことをまとめる。	・聞き役のどんな聞き方が自分の解決方法を引き出すのに役立ったか考えさせる。 ・どうすることで，相手が考えた解決方法を尊重して，実行しようとする気持ちを引き出せるか考えさせる。	振り返りシート

●評　価

1　相手の不安や悩みを理解し，解決のサポートをする会話の仕方を身につけることができたか。 振り返りシート

2　相手の不安や悩みを共感的に受け止め，相手に質問しながら解決方法を本人に考えさせ，それを実行しようとする決意を引き出す会話の仕方を身につけることができたか。 振り返りシート

［参考図書］河北隆子著『教師力アップのコーチング入門──子どもを伸ばすコツと会話術──』
　　　　　　2004年，明治図書

| ワークシート | 友達に相談されたときの会話 |

●相手の不安や悩みを理解して，解決のサポートをする会話をしよう
① 不安や悩みを受け止める
- 相談する役の不安や悩みの例（いまの状態に近いものを選ぶか，実際の不安や悩みを相談）
- 「苦手な○○（教科）が得意になりたい」
- 「もっと（部活の）◎◎がうまくなりたい」
- 「もう少しやせたい」
- 「友達に避けられている気がする」
- 受け止め方……相手の言っていることを繰り返すか，同じ内容の別のことに言いかえて返す。
- 「○○が得意になりたいんだね」
- 「◎◎がもっとうまくなりたいんだね」
- 「自分が太ってきたような気がしているの？」
- 「友達に嫌われたかもしれないと思って，不安なの？」

② 相手に質問しながら解決方法を考えさせる
- 相手が「こうなりたい」と思っていることを聞き出す。
- 「これからどうしたいの？」
- 「どうなればいいと思う？」
- 相手の気持ちを受け入れる。そして，自分の考えを押しつけるのではなく，相手に考えさせるようにしながら，解決方法を探る。
- ☆「△△したいと思っているんだね」
- 「そのためにどうすればいいと思う？」
- 「どんなことならできる？」
- 「まず何からやればいいかな？」

③ いいと思う解決方法の実行計画を立てる
- 相手の考えた解決方法を尊重し，相手の「これをやる」という決意を引き出す。
- ☆「うん，◇◇するのは，私もとてもいいと思うよ」
- 「いつ，それをやってみる？」
- 「どういう順番でやればいいだろう？」

④ 励ます
- 相手の「これをやる」という気持ちを後押しする。
- 「うん，それなら，きっとできるよ」
- 「大丈夫！　きっとうまくいくよ」
- 「手伝えることがあるかな？」

振り返りシート

_____組 名前_____

1 相談する役をやってみて

・相談は受け止めてもらえましたか。聞き役のどんなところでそう思いましたか。

| |
| |

・解決方法は実行できそうですか。どうしてそう思いましたか。

| |
| |

2 聞き役をやってみて

・相手の気持ちを受け止められましたか。自分のどんなところでそう思いましたか。

| |
| |

・相手が考えた解決の方法を尊重し，実行しようとする気持ちが引き出せましたか。
　どうしてそう思いましたか。

| |
| |

3 今日の活動を通して，感じたことや考えたことを書きましょう。

| |
| |

●第2章 社会性を育てる授業の指導案35

24・25 「20の私」で探る「私はだれか」
～自分を見つめてみよう①～

身につけさせたいスキル等
- 自己理解
- 自己洞察

●ねらい

1. アンケート（社会性チェックリスト）結果によって，自己理解の手がかりを見つけるとともに，自己理解の大切さを知ることができる。
2. 自己理解をするための作業を通して，自己洞察力や自己肯定感，他者理解の力も高めることができる。

●本時の授業

<資料の内容について>

- 本時に活用するワークシートは2種類ある。一つは「社会性チェックリスト」であり，もう一つが「性格テストで自分のイメージを探ってみよう」の内容を一部変えたワークシートである。2時間続き（100分）の授業を想定するとともに，さまざまな角度から自己理解ができるように資料を準備した。

<展　開>※2時間連続で実施

	学習活動の内容	指導上の留意点	資料など
導入 （5分）	1　本時のねらいと授業の進め方を知る。	・生徒が活動しやすい雰囲気をつくる。BGMを流しながら，イスに座ったまま自分でできるツボ押しやストレッチをさせる。	
展開1 （40分）	2　社会性チェックリストに記入する（10分）。 3　ワークシートの集計を行う（8分）。 4　社会性の分類と説明を聞き，自分の社会性について知る（22分）。	・ワークシートは回収しない。 ・自分自身を理解するためのものであり，善悪を判断するためのものではないことを理解させる。 ・社会性には，コミュニケーション能力（1，10，19，28，37），アサーション（2，11，20，29，38），共感性（3，12，21，30，39），	社会性チェックリスト

		将来展望性（4，13，22，31，40），自尊感情（5，14，23，32，41），集団参加能力（6，15，24，33，42），実践力（7，16，25，34，43），規範意識（8，17，26，35，44），基本的生活習慣（9，18，27，36，45）の9項目がある。	
展開2（40分）	5　「20の私」で探る「私はだれか」①に記入する（20分）。 6　「20の私」で探る「私はだれか」②によって，分析する（20分）。	・ワークシートは回収しない。 ・5つの側面から自分の特徴を明確化させる。 ①②　自分を表すのに自分のどのような側面（事実か感じ方か）から見ているか。外面的事実と内面とどちらを重視しているか。 ③　自己開示の程度（他人に知られたくないこと，隠しておきたいこと） ④⑤　自分のどのようなところに気づき，どのように受け止めているか。 ⑥⑦　自分の現実の姿で表現する人と理想追求の姿勢で表したい人 ⑧　自分が大切にしていること，自分らしさの指標	「20の私」で探る「私はだれか」①②
まとめ（15分）	7　本時の学習活動を振り返り，各自で振り返りシートにまとめる（10分）。 8　次時の予告を知る（5分）。	・本時の授業を振り返ることにより，本時のねらいの定着化を図る。 ・振り返りシートは回収する。 ・自己を紹介をする5つの文章を考えておくことを指示する。	振り返りシート

● 評　価

1　自己理解の大切さを理解できたか。 観察 振り返りシート

2　自己洞察力や自己肯定感を高めることができたか。 観察

3　他者理解の力を高めることができたか。 観察

［参考図書］平木典子著『自己カウンセリングとアサーションのすすめ』2000年，金子書房，pp.10-14

社会性チェックリスト

●このチェックリストは，これからの生活に役立てるために作られたものです。これはテストではありませんので，思ったとおりに答えてください。

回答の仕方
4－あてはまる　3－ややあてはまる　2－ややあてはまらない　1－あてはまらない

1	私は，わからないときは友達に質問できます。	4・3・2・1
2	私は，友達と違う意見でも，自分の意見を言うことができます。	4・3・2・1
3	私は，悲しんでいる人を見ると，悲しい気持ちになります。	4・3・2・1
4	私は，大人になったら何になるか考えています。	4・3・2・1
5	私は，自分のことが大好きです。	4・3・2・1
6	私は，友達と仲よく遊ぶことができます。	4・3・2・1
7	私は，手伝いや仕事を喜んですることができます。	4・3・2・1
8	私は，始まりのチャイムが鳴ったら席に着くことができます。	4・3・2・1
9	私は，朝自分で起きています。	4・3・2・1
10	私は，悩み事があるときは，友達に相談できます。	4・3・2・1
11	私は，失敗したら，謝ることができます。	4・3・2・1
12	私は，困っている人を見ると心配になります。	4・3・2・1
13	私は，自分の将来に希望をもっています。	4・3・2・1
14	私には，よいところがあります。	4・3・2・1
15	私は，友達との話し合いに参加することができます。	4・3・2・1
16	私は，友達と協力して作業することができます。	4・3・2・1
17	私は，友達とおしゃべりをしないで授業に参加できます。	4・3・2・1
18	私は，時間を守ります。	4・3・2・1
19	私は，友達に頼みたいことがあるときには，頼むことができます。	4・3・2・1
20	私は，困ったときには，人に助けを求めることができます。	4・3・2・1
21	私は，楽しそうな人を見ると，楽しくなります。	4・3・2・1
22	私は，将来自分に適した職業に就くつもりでいます。	4・3・2・1
23	私は，自信をもってやれることがあります。	4・3・2・1
24	私は，友達との約束を守ることができます。	4・3・2・1
25	私は，行事のときなど進んで仕事をすることができます。	4・3・2・1
26	私は，廊下を静かに歩きます。	4・3・2・1
27	私は，忘れ物をしないようにしています。	4・3・2・1
28	私は，友達の話を聞くことができます。	4・3・2・1
29	私は，自分によいことが起きると，それを人に伝えることができます。	4・3・2・1
30	私は，友達の心の変化を感じることができます。	4・3・2・1
31	私は，将来やりたい仕事があります。	4・3・2・1
32	私は，人の役に立っていると思います。	4・3・2・1
33	私は，自分の考えが通らなくても，我慢することができます。	4・3・2・1
34	私は，最後まで仕事をやりとおすことができます。	4・3・2・1
35	私は，自習時間は静かに自習できます。	4・3・2・1
36	私は，靴箱に靴をそろえて入れます。	4・3・2・1
37	私は，友達に自分の考えを言えます。	4・3・2・1
38	私は，嫌なことは，うまく断ることができます。	4・3・2・1
39	私は，友達のやりたいことがわかります。	4・3・2・1
40	私は，ここ2～3年の計画や目標があります。	4・3・2・1
41	私は，やれば何でもできると思います。	4・3・2・1
42	私は，グループで何かを決めるとき，自分と違う意見を大切にします。	4・3・2・1
43	私は，工夫しながら仕事をすることができます。	4・3・2・1
44	私は，廊下で落ちているゴミを拾うことができます。	4・3・2・1
45	私は，身の回りの整理整頓を自分でします。	4・3・2・1

［出典］埼玉県立総合教育センター－「研究報告書第275号」『児童生徒の社会性の育成に関する調査研究』2001年

「20の私」で探る「私はだれか」①

　　　　　　　　　　　　　　　　組　名前 _____

● 「あなたはだれですか」と聞かれたと仮定して，「私は……です」という文章を，20書いてください。自分について自分が知っていること，自分が思っている自分について，どんなことでもかまいません。

1　私は，_____
2　私は，_____
3　私は，_____
4　私は，_____
5　私は，_____
6　私は，_____
7　私は，_____
8　私は，_____
9　私は，_____
10　私は，_____
11　私は，_____
12　私は，_____
13　私は，_____
14　私は，_____
15　私は，_____
16　私は，_____
17　私は，_____
18　私は，_____
19　私は，_____
20　私は，_____

「20の私」で探る「私はだれか」②

　　　　　　　　　　　　　組　名前＿＿＿＿＿＿＿＿＿＿＿＿＿

●次に，20の文章を分析してみましょう。各質問にあてはまる文章の番号を答えてください。

① 名前や年齢など外面的な事実について書いた文章は？

② 自分の性格や自分の考えていること，感じていることなど，自分の内面について書いた文章は？

③ 他人に知られたくないことでも正直に書いた文章は？

④ 自分の長所について書いた文章は？

⑤ 自分の短所について書いた文章は？

⑥ 現実の自分を表現した文章は？

⑦ 自分の憧れや理想を表現した文章は？

⑧ もし，自分を5つの文章で紹介するとしたら，20の中からどれを選びますか？　また，それを上位から並べるとどんな順番になりますか？

振り返りシート

　　　　　　　　　　　　　　　　　　　　　　組　名前　　　　　　　　　　

1　今日のこの活動によって，あなたは，自分自身を知ることができましたか？

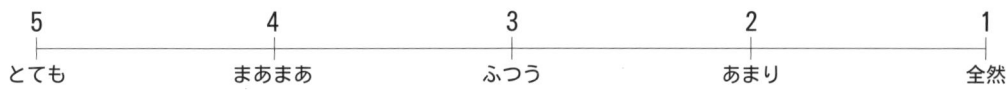

2　その理由を教えてください（できるかぎりでいいです）。

3　今日のこの活動について，何かほかに感想や意見があれば，書いてください。

●第2章　社会性を育てる授業の指導案35

26・27 みんなの「ほめ言葉」で探る「私はだれか」
～自分を見つめてみよう②～

身につけさせたいスキル等
●自己理解　●自己洞察
●他者理解

●ねらい

1. 他人からのほめ言葉によって，自己理解の手がかりを見つけるとともに，自己洞察力や自己肯定感を高めることができる。
2. 他人をほめ言葉で表現することによって，他者理解を深めることができる。

●本時の授業

<事前準備>

- 「ほめ言葉づくりのシート」を学期始めに生徒に渡しておく。
- シートの使用方法を渡す際に説明しておく。
- 長期休業前に行うとポートフォリオ的な活用ができる。

<資料の内容>

- 本時に活用するワークシートは，「友達にほめ言葉のプレゼントをしよう」を手順を追って使いやすいようにしたものである。

<展　開>※2時間連続で実施

	学習活動の内容	指導上の留意点	資料など
導入（5分）	1　本時のねらいと授業の進め方を知る。	・生徒が活動しやすい雰囲気をつくる。BGMを流しながら，イスに座ったまま自分でできるツボ押しやストレッチをさせる。	
展開1（45分）	2　ほめ言葉づくりのシートを使用し，クラスメートにほめ言葉をプレゼントする（25分）。	・同じ生活班の仲間すべてにプレゼントさせる。 ・ほかの生徒にも時間があればプレゼントさせる。 ・表現方法としてDESK法を紹介する。今回はDとEを活用する。 <DESK法>	ほめ言葉づくりのシート みんなの「ほめ言葉」で探る「私

		D：状況や相手の行動を描写する。 E：状況や相手の行動に対する自分の気持ちを表現する。 S：相手に望む行動，妥協案，解決策などを提案する。 K：肯定的あるいは否定的な結果を想像し，それに対する選択肢を示す。	はだれか」①②
	3　自分を紹介する文章を5つワークシートに記入する（20分）。	・ワークシートは回収しない。	
展開2 (35分)	4　プレゼントされたほめ言葉を分類する（15分）。 5　分類したほめ言葉を自分を紹介する5つの文章の横に記入する（20分）。	・プレゼントされた文章を短い単語で言いかえさせ，分類しやすいようにさせる。 ・自己概念と他者概念とを比較しながら，自分のよさを強化させ，さらに新たな自分を発見させる。 ・自分では気づかなかったほめ言葉は，いちばん下にまとめて記入する。	みんなの「ほめ言葉」で探る「私はだれか」②
まとめ (15分)	6　本時の学習活動を振り返り，各自で振り返りシートにまとめる（10分）。 7　教師による講話を聞く（5分）。	・本時の授業を振り返ることにより，本時のねらいの定着化を図る。 ・振り返りシートは回収する。 ・一人一人の自己肯定感が高まるような講話をする。	振り返りシート

● 評　価

1　自己理解の大切さを理解することができたか。 観察 振り返りシート
2　自己洞察力や自己肯定感を高めることができたか。 観察
3　他者理解の力を高めることができたか。 観察

［参考図書］園田雅代・中釜洋子著『子どものためのアサーション自己表現グループワーク』金子書房，pp.157-174

ほめ言葉づくりのシート

　　　　　　　　　　　　　　　　　　　　組　名前 _____

●クラスメートに「ほめ言葉」をプレゼントするために，クラスメートを知ろう。

＜例＞○　○　○　　　さんの場合

- 場面　放課後に夕立ちがあって，ものすごく雨が降ってきたとき，廊下の窓が開いていて床がビショぬれになっていたのに気づいて，バケツと雑巾を持ってすすんで後始末をしていました。

- そのときのあなたの気持ち
　　すべって転ぶ人がいるかもしれないと見ていたので，先生に言われてもいないのにえらいなぁと思い，さわやかな気持ちになりました。

_____さんの場合

- 場面

- そのときのあなたの気持ち

_____さんの場合

- 場面

- そのときのあなたの気持ち

_____さんの場合

- 場面

- そのときのあなたの気持ち

みんなの「ほめ言葉」で探る「私はだれか」①

　　　　　　　　　　　　　　　　　組　名前 _____

●クラスメートに「ほめ言葉」をプレゼントしましょう（なるべく具体的に）。

＊相手の言動に関すること。　　　　　　｝必ず入れてください。
＊その言動に対する自分の主観的な気持ち

　　相手の友達のいいところ，素敵なところは？

　　　_____ さんへ　　　　　　　_____ より

みんなの「ほめ言葉」で探る「私はだれか」②

組　名前 _____

● 「自分を紹介する5つの文章」と「みんなのほめ言葉」を比較してみよう。

　　＜自分を紹介する5つの文章＞　　　　　＜みんなのほめ言葉＞

1　＜例＞
　　私はめんどうみがよく，自分に任されたことは，しっかりとやる責任感の強いところがあります。

2

3

4

5

日直や係の仕事をいつでもまじめにやっている人です。

振り返りシート

　　　　　　　　　　　　　　　　　　　組　名前 _____

1　今日のこの活動によって，あなたは，自分自身のよさを再確認することができましたか？

```
　5　　　　　　　　4　　　　　　　　3　　　　　　　　2　　　　　　　　1
　├────────────────┼────────────────┼────────────────┼────────────────┤
とても　　　　　まあまあ　　　　　ふつう　　　　　あまり　　　　　全然
```

2　その理由を教えてください（できるかぎりでいいです）。

	┌───┐
	│ │
	│ │
	│ │
	│ │
	│ │
	└───┘

3　今日のこの活動について，何かほかに感想や意見があれば，書いてください。

	┌───┐
	│ │
	│ │
	│ │
	│ │
	│ │
	└───┘

28 生活を見直そう
～生活アンケートから考えよう～

身につけさせたいスキル等
●発表力　●会話力
●協力性

●ねらい
1. 日常の学校生活について適切に振り返ることができる。
2. 生活上の課題を見つけることができる。
3. 生活を向上させるためのプランを提案できる。

●本時の授業

<「生活アンケート」について>

- 本アンケートは，埼玉県内の某中学校で平成15年度から使用されているものである。毎学期に1回，学級で実施され，全生徒を対象としている。集計は生徒会活動の一環として行われ，集会活動等を通して担当（生活安全委員会）の生徒（委員長）から結果発表と改善策についての呼びかけが行われている。ここでは，学級におけるスキル教育として授業を組み立ててみた。

<事前準備>

- 「生活アンケート」を実施する。
- 学級代表がアンケートを集計し，結果を表にまとめておく。

<展　開>

	学習活動の内容	指導上の留意点	資料など
導入（10分）	1　本時の活動のねらいについて知る。	・事前に行った「生活アンケート」の結果を見て，自分たちの学校生活をよりよくしていくという視点をもって考えることを指導しておく。	ワークシート
	2　各自でアンケート結果を読み取り，学級の問題を発見する。	・ワークシートにまとめられたアンケート結果を見て，個々で考える時間を確保する。記入が進まない生徒に対しては，机間指導のなかで個別支援を行う。	

展開（35分）	3　生活班のグループになり，発表する。 <机の配置例> | 生徒A 4月 | 生徒B 8月 | | 生徒C 2月 | 生徒D 11月 | | 生徒E 5月 | 生徒F 6月 | 発表順：C→A→E→F→B→D 4　班としての意見をまとめる。 ・あらかじめ作成しておいたくじを班長が引いて発表順を決める。 5　班発表を行う。	・生活班で発表させるときは，班長を進行係とし，発表順は出席番号順や誕生月日順，班長の隣から時計回りなどと決めておくとよい。 ・必ず全員が発表するようにする。 ・各班で計時係の生徒を決める。1人2分程度の発表時間を設定する。 ・1人あたりの発表時間には多少の差があってもよいが，時間を意識させながら発表させるとよい。 ・「1分経過」「残り30秒」のように，適宜，合図を言わせるようにする。 ・話し合いの論点（ポイント）を明確にさせ，実行可能な具体的なプランを発表できるようにアドバイスする。 ・発表者を決めておくとともに，発表のときには，班員全員が前に出るようにさせる。 ・聞くときの態度と姿勢，ならびに，聞き終えたあとの拍手などができるように指導しておく。	ストップウォッチを生活班の数だけ ワークシート
まとめ（5分）	6　授業を振り返って教師の話を聞く。	・授業を振り返り，出されたプランを確認するとともに班での話し合いの様子についてもふれて評価するようにする。	

●評　価

1　日常の学校生活について適切に振り返ることができたか。観察　ワークシート

2　生活上の課題を見つけることができたか。観察　ワークシート

3　生活を向上させるためのプランを提案できたか。観察　ワークシート

ワークシート	生活を見直そう

　　　　　　　　　　　　　　組　名前 _____

●下の表は，○月○日に実施した私たちの学級の生活アンケート集計結果です。この結果を見て，以下のことを考えてみよう。

＜生活アンケート＞　　　　　　　　　　　　　　　　　　　　※数値は割合（％）を表します。

番号	質問項目	○月	○月	○月	○月	○月
1	8:10（登校時間）前に正門を通過している。	100	98	97		
2	きちんとした服装で登校している。	100	95	87		
3	朝のあいさつで元気よくあいさつしている。	100	99	98		
4	朝読書に集中して取り組んでいる。	100	90	82		
5	授業のチャイム着席を意識している。	99	100	100		
6	授業に集中して臨んでいる。	98	96	88		
7	授業で積極的に発表しようとしている。	76	79	81		
8	靴（上履き）のかかとをつぶさずにはいている。	100	100	96		
9	学校に不要物を持ってきていない。	100	100	96		
10	ほかの教室に勝手に入っていない。	100	100	100		
11	係・委員会活動等を責任をもって行っている。	100	100	100		
12	きちんとした服装で学校生活を送っている。	100	100	92		
13	清掃の時間に一生懸命に清掃している。	100	100	88		
14	朝・帰りの会に集中して臨んでいる。	100	96	96		

●いま，私たちの学級では，どのような生活傾向が見られるのかをまとめてみよう。また，どのようなことを改善すればいいのだろうか，自分で思うプランをあげてみよう。

傾向は	
プランは	

●班の発表で出された意見をまとめてみよう。

発表者	発表内容（あげられた傾向とプラン）

●班としてのプランを考えよう。

| 資料 | | 生活アンケート | | | |

組　名前 ＿＿＿＿＿＿＿＿＿＿

＿＿＿月　＿＿＿日実施

番号	質問項目	はい	いいえ	どちらともいえない
1	8：10（登校時間）前に正門を通過している。			
2	きちんとした服装で登校している。			
3	朝のあいさつで，元気よくあいさつしている。			
4	朝読書に集中して取り組んでいる。			
5	授業のチャイム着席を意識している。			
6	授業に集中して臨んでいる。			
7	授業で積極的に発表しようとしている。			
8	靴（上履き）のかかとをつぶさずにはいている。			
9	学校に不要物を持ってきていない。			
10	ほかの教室に勝手に入っていない。			
11	係・委員会活動等を責任をもって行っている。			
12	きちんとした服装で学校生活を送っている。			
13	清掃の時間に一生懸命に清掃している。			
14	朝・帰りの会に集中して臨んでいる。			
15				

● 第2章　社会性を育てる授業の指導案35

29 キャリアって何だろう
～地域の先輩に学ぶ～

身につけさせたいスキル等
● 礼儀　● 話の聞き方
● 進路選択

●ねらい

1. 身近な人のキャリアを聞く機会を通して情報を得ることができる。
2. 自分のキャリアについて考えることができる。
3. さまざまなキャリアの紹介を聞くことで，将来への展望を高めることができる。

●本時の授業

＜「地域の先輩に学ぶ」会の内容について＞

- 学年の単位として行う本授業では，地域の社会人を事例提供者・講師として招聘(しょうへい)することで，親和感をもってキャリアについて学ぶための機会とする。招聘する講師の数は，教師がマンツーマンで対応することを考え，学年所属の教師人数が適切である。
- 招聘する地域の人材は，保護者，自営業，職人などバランスよく選ぶことが大切である。会社勤務の場合には，その職場の上司に許可を得てから派遣申請をする配慮が必要である。生徒には第3希望までを記入させる予備調査をしておき，1時間で2コースに参加できるようにするとよい。事後指導では，感謝の気持ちを込めてお礼状を書かせる。

＜展　開＞

	学習活動の内容	指導上の留意点	資料など
導入（5分）	1　本時の活動とねらい，移動する教室の場所を確認する。 2　所定の教室に2～3人のグループで移動する。	・体育館やオープンスペースなど，学年全体で集まれる場所を確保しておく。 ・失礼のないように，あいさつや聞く態度，質問時のマナーなど，全体指導をしておく。 ・所定の教室には，はり紙などでコースを表示しておく。 ・講師に質問する内容等は，事前に何点か考えさせ，教室担当の教師が内容のチェックをしておくとよい。	

展開1 (20分)	3　地域の先輩から学ぶ1 　①　はじめのあいさつ 　②　講師の紹介 　③　講師自己紹介 　④　講師の話 　　ア）仕事の紹介 　　イ）中学生へのアドバイス 　　ウ）その他 　⑤　生徒からの質問 　　（質疑応答） 　⑥　お礼の言葉 　　（感想発表でもよい） 　⑦　おわりのあいさつ 　※移動	・会場の教室に移動したら，座席表に基づき，速やかに着席させる。 ・教室内のイスは事前にセットしておく。講義形式よりも，イスだけの半円形がよい。 ・司会進行は生徒に割り当ててもよいが，担当教師が行うほうが望ましい。 ・1つのコースが15分以内で終わるように状況を見ながら進めていく。 ・講師の話の内容は，生徒の進路選択の一助となるように，打ち合わせをしておくとよい。 ・配布資料がある場合には，必要に応じて事前に目を通しておく。 ・話を聞くときには，相手の方に体を向けて，メモを取りながら聞くようにさせる。 ・生徒からの質問は，マナー面に留意させ，場にふさわしい言葉遣いで応対させる。 ・質問時のマナー 　☆指名されたら返事をし，名前を名乗る。 　☆「△△△について～」と，聞きたい内容を正確に伝える。 　☆「ありがとうございました」と言い，一礼をする。 ・お礼の言葉は，学校事情に合わせて生徒でも教師でも可。 ・グループで協力しながら活動させるとともに，学び合うという視点をもたせる。	ワークシート，筆記用具，質問用紙，ファイル等
展開2 (20分)	4　地域の先輩から学ぶ2 　①　はじめのあいさつ 　②　講師の紹介 　③　講師自己紹介 　④　講師の話 　⑤　生徒からの質問 　　（質疑応答） 　⑥　お礼の言葉 　　（感想発表でもよい） 　⑦　おわりのあいさつ		
まとめ (5分)	5　「振り返り」を行う。 ・＜例＞評価項目について，1項目ずつ挙手をする。いくつかの代表グループを指名し，感想などの発表をする。	・教師主導により再び学年全体で行う。振り返り項目について，しっかりと挙手させる。発表グループは事前に当てておいてもよい（学習の活動の様子から指名してもよい）。	振り返りシート

● 評　価

1　講師の話や質問から，適切な情報を収集できたか。　観察　ワークシート

2　キャリア形成に対する前向きな態度，目的意識等が培われたか。　ワークシート

3　社会人として必要な基礎的・基本的なマナーを守り参加できたか。　観察

| ワークシート | キャリアって何だろう |

組　名前 _____

●次のことをメモにまとめながら話を聞いてみよう。

地域の先輩から学ぶ1　　　講師（　　　　　　　　　　　　　）さん

講師の人は　① 中学時代	
② 卒業後の進路	
③ 現在は	
仕事について	
中学生へのアドバイス	
その他のお話	
質問と回答	

地域の先輩から学ぶ2　　　講師（　　　　　　　　　　　　　）さん

講師の人は　① 中学時代	
② 卒業後の進路	
③ 現在は	
仕事について	
中学生へのアドバイス	
その他のお話	
質問と回答	

振り返りシート

組　名前 _____

1　ルールを守って，授業に取り組むことができましたか。

①　講師の人の話をきちんと聞くことができましたか。

```
5           4           3           2           1
とても     まあまあ     ふつう      あまり      全然
```

②　メモを取りながらまとめることができましたか。

```
5           4           3           2           1
```

③　キャリアに関する情報を得ることができましたか。

```
5           4           3           2           1
```

④　マナーを守り，聞くことができましたか。

```
5           4           3           2           1
```

⑤　マナーを守って積極的に質問することができましたか。

```
5           4           3           2           1
```

2　さまざまなキャリアについて考えることができましたか。

```
5           4           3           2           1
```

3　講師の人のキャリアを聞いてどのように思いましたか。

[　　　　　　　　　　　　　　　　　　　　　　　　　　]

4　本時の授業を通して考えたことや感想などを記入してください。

[　　　　　　　　　　　　　　　　　　　　　　　　　　]

●第2章　社会性を育てる授業の指導案35

30 私の大事なもの
～人生規範の羅針盤～

身につけさせたいスキル等
- 会話力　●発表力
- 協調性

●ねらい

1. 生きていくうえで大切にしたい価値の順位づけができる。
2. 自分の価値観について理由を添えて発表できる。
3. 友達のさまざまな価値観を聞くことができる。

●本時の授業

＜キャリア教育との関連について＞

・学級担任が従来の進路指導でしてきた，さまざまな取り組みは，キャリア教育と大きな差異はないと考えられる。今後に必要なことは，いままでの進路指導を特別活動の枠だけでなく，「総合的な学習の時間」をはじめとする教育活動全体に広げていくことである。いつごろ，だれが，どこの授業（時間）で，どのような内容を，どのように指導していくことが効果的であるのかという視点で見直し，「キャリア」育成を発達段階に応じて構造化していくことである。本時の授業は，このような観点から設けられている。

＜展　開＞

	学習活動の内容	指導上の留意点	資料など
導入（5分）	1　本時のねらいや活動について知る。	・教師が，本時のタイムテーブルと活動内容について説明をする。タイムテーブルは，黒板に板書しておく。 ・学級生活の生活班をグループの単位とし，班内では周囲の迷惑にならない範囲で自由に相談しながら進めてもよいことを伝える。	ワークシート
展開（35分）	2　ワークシートを仕上げる（10分）。 課題1「あなたが大人になったとき，どのようなことを大切にしていきたいのか，	・自分の価値観とその理由について，言葉で友達に説明できるようにする。 ・活動は，1班5～6名で行う。机を移動させ	ワークシート

	いまの気持ちで価値の順位づけをしてみましょう」 3　ワークシートに基づいて班内で発表する。 ＜発表の例＞ ・発表順と発表内容の確認をする。 ・1人2分で、ワークシートの記入について班員に発表する。 ・次の人は、自分の発表の前に、発表者の内容のコメント（感想）を1分程度してから、自分の発表に入る。 ・最後の人の発表後は、最初の人が最後の人のコメントを行う。 4　課題2：班として、大切だと判断した価値を3つにしぼる。 5　班ごとに上位3項目について理由づけをして発表する。	協力しやすくする。 ・ワークシートに記入した内容を班員にしっかりと伝えるために、考える時間を2分程度確保する。 ・発表は、各班一斉に始めるようにする。 ・発表順を機械的に決める場合には、黒板に板書、もしくは、掲示物で明確にしておく。 ・計時は教師が行い、その都度合図をして知らせるようにする。 ・発表者へのコメントは、相手を傷つけないことをルールとして厳守させる。必要に応じて、教師が介入することも予想しながら進めさせる。発表ごとに温かな拍手を促す。 ・単純な多数決とならないようにする。時間内に全員が十分に自分の考えを発言して、合意が得られるように努力させる。 ・班の発表代表者を決めておくように指示しておく。	デジタルタイマー、もしくはストップウォッチとベルや鈴
まとめ （10分）	6　「振り返り」を行う。 ・＜例＞評価項目3点について、1項目ずつ挙手をし、その後、各班2名ずつ発表をしていく。 7　教師のまとめの話を聞く。	・「振り返り」は、評価項目1つについて2分を目安に行っていく。発表者は、各班で2名ずつ出るように指示しておく。むずかしい班がある場合には、教師が観察から話をしてもよい。 ・体験談や事例から、今後何が必要かを考えさせる。 ・適切な読み物資料を準備してもよい。	振り返りシート

●評　価

1　生きていくうえで大切にしたい価値の順位づけができたか。ワークシート

2　自分の価値観について理由を添えて発表することができたか。観察　振り返りシート

3　友達のさまざまな価値観を聞くことができたか。観察　振り返りシート

ワークシート	私の大事なもの

組　名前 _____

●下に示した表中のA～Jは，大人になったときに，どのようなことを大切にしたいのかという仕事の価値観を表す文です。それぞれの文を読んで，次の問いに答えなさい。

<私の大事なこと>

A	安定した収入が保証されていることを重視して仕事は選びたい。
B	給料が少なくても自分の趣味や好きなことを仕事に選びたい。
C	自分の能力を一番に生かせる仕事を選びたい。
D	有名な会社や社会的地位の高い仕事（医者や弁護士など）につきたい。
E	人から認められるような仕事をしたい。
F	仕事よりも，家庭を第一に考えて，時間にゆとりをもちたい。
G	自分のペースでのんびりと人生を送っていきたい。
H	自分や家庭の時間よりも，仕事で成功することが大切だと思う。
I	周りの人たちよりも多い収入（給料）を得たい。
J	できれば仕事をしないで趣味や好きなことをしていたい。

●課題１：いまのあなたの気持ちや考えで，表の文を大切だと思う順番に並べかえてください。また，なぜ，そのようにしたのか，理由を記入してください。

順番	1	2	3	4	5	6	7	8	9	10
記号										
理由										

●課題２：友達の発表を聞き，班として，大切な考え方を３つ選び，その理由も考えてください。

自班	理由（簡潔に記入してください）	班	班	班	班

※他の班が選んだ記号も記入しておきましょう。

振り返りシート

組　名前 _____

1　ルールを守って，授業に取り組むことができましたか。

①　先生の指示をしっかり聞くことができましたか。

```
5          4          3          2          1
とても      まあまあ    ふつう      あまり      全然
```

②　時間を守りワークシートを完成させることができましたか。

```
5          4          3          2          1
```

③　自分の価値観について理由を添えて発表することができましたか。

```
5          4          3          2          1
```

④　友達のさまざまな価値観を聞くことができましたか。

```
5          4          3          2          1
```

⑤　班での話し合いには，協力して参加することができましたか。

```
5          4          3          2          1
```

2　価値の順位づけをもう一度行うとすれば，本時と変わると思いますか。

　　ア　変わらない　　　イ　変わる　　　ウ　どちらともいえない

3　友達のさまざまな価値観を聞いてどのように思いましたか。

[　　　　　　　　　　　　　　　　　　　　　　　　　　]

4　本時の授業を通して考えたことや感想などを記入してください。

[　　　　　　　　　　　　　　　　　　　　　　　　　　]

31 「いじめ」について考えよう
～学年全体で行う寸劇を通して～

身につけさせたいスキル等
- ●正義感　●善悪の価値観
- ●他者理解

●ねらい

1. 日常の学校生活の中で繰り広げられる生徒間の人間関係トラブルや諸問題について，寸劇（ロールプレイ）を通して，集団の問題として考えることができる。

2. 「いじめ」の実態について，被害者の心の痛みを共感的にとらえるとともに，「いじめ」は許されない行為であるという確かな価値観を身につけることができる。

●本時の授業

＜事前準備＞

- 「いじめの実態調査アンケート（無記名）」を実施し，代表的な事例を拾い上げる。
- 代表事例を寸劇にするための脚本を創作する（学年会で作るとよい）。
- 寸劇参加の希望者を募り，司会者，役者，黒子等の役割分担をし，練習する。

＜展開＞

	学習活動の内容	指導上の留意点	資料など
導入（5分）	1　司会者が授業の流れ，ワークシートの記入方法をわかりやすく説明する。 ・寸劇担当者は各役割分担に従い諸準備に入る。	・司会者用の机とイス，演題（「めくり」）等は事前に設置しておく。 ・オープンスペースや体育館等，学年単位で余裕をもって集まれるスペースを確保する。 ・はき物をそろえさせる。	司会・寸劇セリフ原稿例 ワークシート
展開1（15分）	2　寸劇を見ながら，身近にある「いじめ」の実際と，被害にあっている生徒の心の痛みを共感的にとらえる。 ・寸劇が1つ終わるたびに，演じた人が「心の中」を観衆に伝える。 ・寸劇の担当者をねぎらい，司会者の言葉と観衆の拍	＜寸劇例＞ ・寸劇1「ケンカ」口論からケンカをしてしまう（男子2名） ・寸劇2「絶交」誤解から絶交（女子2名） ・寸劇3「もの隠し」もの隠しの意地悪をする（女子3名） ・寸劇4「ちょっかい」すれ違いざまに小暴力（ちょっかい）をふるう（男子2名） ・寸劇5「無視＆陰口」無視して陰で悪口を言う(女子4名)	ワークシート

	手等で感謝して終えるようにする。 ・ワークシートに「いじめである」「いじめではない」を判断して記入する（20秒程度）。 ・寸劇を終えてのあいさつを関係者全員で行う。	・寸劇6「暴力」公然と暴力（K1ごっこ）をふるう（男子4名） ・演じた人の気持ちを発表する際，背後に字幕用紙を出すとよい。→シェアリング ・寸劇用大道具，小道具，舞台袖となるような衝立（パーティションなど）を準備しておく。 ・1つの寸劇は2分〜2分30秒程度。各担当者はリハーサルを行い，感覚をつかんでおく。 ・ワークシートには，寸劇と同じような場面を見聞きしたことがあるか，それも書かせる。	字幕用紙
展開2 (25分)	3　「いじめ」とはどのようなことなのか，「いじめ」をなくすためにはどうしたらよいかを全員で考える。 「『いじめ』とはどのようなことだと思いますか？」 「『いじめ』をなくすためにはどうしたらよいと思いますか？」 ・ワークシートに2〜3行程度で記入する。	・司会者進行でインタビュー。司会者が状況を見ながら指名し，各学級からの発表者が均等になるよう留意する。 ・発言内容が正論となるように，また前向き，建設的な意見が出るように，必要に応じて教師も介入，支援，援助をしていく。 ・「『いじめ』の定義」（文部科学省）や，「『いじめ』の4層構造」（森田洋司）を手がかりに，どのようなことが「いじめ」であり，「いじめ」には，加害者－被害者，観衆，傍観者という構造があることを理解させる。 ・「いじめ」は，絶対に許されない行為であるという確かな価値観を学年で共有させる。 ・日常の中で起こっている実態にもふれる。	ワークシート
まとめ (5分)	4　教師の講話を聞き，ワークシートに記入する。 「今日の集会の意見や感想などを記入してください」	・今後の生活に生かせるよう，オープンエンドで締めくくる。 ・知識としての理解と，具体的な行動が結びつくように指導する。 ・記入内容に応じて後日，個人面談を実施する。	ワークシート

＜事後指導＞

・「いじめ憲章」を作り，掲示する。

・生徒指導をする際，指導内容に応じて学年集会の確認事項を繰り返していく。

● **評　価**

1　自分たちの身近にある「いじめ」の実態について共感的に考えることができたか。
　　ワークシート　観察

2　「いじめ」は許されないという価値観をもつことができたか。　ワークシート　観察

[参考図書] 森田洋司・清水賢二『いじめ―教室の病い』金子書房，1986年

司会・寸劇セリフ原稿例

● 司会のセリフ例

《司会者A》
　最近のニュースでは，小中学生が引き起こす数々の凶悪事件や幼児虐待など，悲しいことがたくさん起こっています。多くの人の心が病んでいるのではないかと思います。
　小学校や中学校でも，いじめがなくならず，かえって増えている状態です。この学校でもないとは言いきれません。
　いまのようなときだからこそ，友達や仲間，家族のことを大切にし，お互いに思いやりをもつことが大切だと思います。
　この時間では，実際に中学校1年生にとったアンケートをもとに，小学校のときや中学校で実際に起こっていたこと，よく聞くいじめの内容を寸劇でやってみたいと思います。寸劇を見て，いじめについて考えることができたらよいと思います。

《司会者B》
　学校の中で実際にあったことやありうる出来事を寸劇で演じます。全部で6回の寸劇をします。1回ごとに，いじめだと思ったらワークシートの「いじめだと思う」の欄に○を，いじめではないと思ったら「いじめではない」の欄に○，よくわからないときは「わからない」の欄に○を記入してください。また，どれに○をつけたか手をあげてもらいますので協力してください。

　では1番目，題目「ケンカ」をお願いいたします。
● 寸劇1「ケンカ」　セリフ例
A：イスに座り机に向かってノートに何かを書いている。　B：走ってきて机にぶつかる。
A：机が大きくずれてノートや教科書が散乱してしまう。　B：「わりい」「わりい」と，あっさり行こうとする。
A：ノートを拾いながら「ふざけんな，ばーか」と言う。　B：「あやまってんじゃねーかよ」と開き直る。
A：「そんなのあやまったうちに，はいらねーよ」と言う。　B：「なんだよ，やんのか」とAの胸ぐらをつかむ。
A：Bの腕を振り払う。　B：Aにけりを入れる。
A：Bに殴りかかる。　C：「やめろよ」と，止めに入る。　AとBがにらみ合う。
　舞台準備の担当者が「心の中」の札をもってA・B・Cの後ろに立つ。
● 心の中を伝える
A：いつも仲よくしているBだから，Bがわざとやったとは思っていない。だけど，「わりい」「わりい」って，「ほんとうに悪いと思っているのかよ，こいつ！」と思ったら，頭にきて「ふざけんな，ばーか」と言ってしまった。ケンカなんかするつもりはなかったけど……
B：俺が悪かったのはわかっている。でも，かっこわるくてしっかり謝れなかった。おまえが怒るのも無理ないと思う。「ごめん」
　この寸劇の内容は，いじめだと思いますか？　ワークシートの欄に記入してください。
　いま，いじめだと思った人は手をあげてください。……手を下ろしてください。
　いじめではないと思った人は手をあげてください。……手を下ろしてください。
　わからない人は手をあげてください。……手を下ろしてください。
　（大まかな概数をカウントしておく）　　ありがとうございました。
● 司会のコメント
　多くの人は，「ケンカ」はいじめではないと思ったようです。……等
　続いて，2番目，題目「絶交」をお願いいたします。……以下，各校の実態に応じた題目とシナリオで進行する。

ワークシート	「いじめ」について考えよう

　　　　　　　　　　　　　　　　　組　名前

寸　　劇	見聞の有無	いじめだと思う	いじめではない	わからない
口論からケンカ	ある・ない			
誤解から絶交	ある・ない			
もの隠し	ある・ない			
小暴力（ちょっかい）	ある・ない			
無視＆陰口	ある・ない			
K1ごっこ	ある・ない			

● 「いじめ」とは，どのようなことだと思いますか？

● 「いじめ」をなくすためにはどうしたらよいと思いますか？

● 意見や感想などを記入してください。

＜参考＞
- 「いじめの実態調査アンケート（無記名）」は，小学校時代のことも含めて記入させる。
　本実践事例のA校では，「帰りの会」の時間にアンケートを実施した。B6用紙に，『あなたは，いままでに"いやなこと"をされたことがありますか？　ある人は，いつごろどのようなことをされたのか書いてください。また，されているのを見たことがある人は，そのことを書いてください』という質問に関して自由筆記により回答を求めた。

● 第 2 章　社会性を育てる授業の指導案35

32 善悪の判断を身につけよう
～非行を防ぐために～

身につけさせたいスキル等
- ●正義感　●善悪の価値観
- ●規範意識

● ねらい

1　犯罪行為を判断できる知識を身につけることができる。

2　「道徳的に悪いこと」と「法的に悪いこと（犯罪）」が必ずしも一致しないことを理解することができる。

3　意見交換するなかで善悪の判断が人によって違うことへの理解を深めることができる。

● 本時の授業

＜展　開＞

	学習活動の内容	指導上の留意点	資料など
導入（10分）	1　教師の説明する目的を聞き，ねらいを知る。 「＜例＞最近10代の子どもの事件が目立つように感じます。何が犯罪かを知っていたら起こらなかったかもと思うと，残念です。この時間は犯罪について考えたいと思います」	・実際にクラスにいる生徒を例にあげるような雰囲気はつくらない。 ・身近で，「これは変だな？」と感じたことがあるような例を出すと興味が湧く。 ・＜例＞電車の中で携帯電話を使うこと，健康な人がシルバーシートに座ること，点字ブロック上の駐輪など	
展開（30分）	2　ワークシート1に記入する（3分）。 ・わからないときはチェックをしてとばす。	・ワークシートに記載されていない内容を例に出し，振り分けをしてみせる。 ・各自で記入させ，のちほど班で意見交換をすることを伝えておく。 ・3分たったら途中でもやめさせ，振り分けた理由を明確に言えるように準備させる。	ワークシート1
	3　ワークシート2の（　）内に3種類の非行を書く（7分）。 ・20歳未満は親の管理下で	・「非行とは？」を説明してから書かせる。 〈ポイント〉 ・犯罪＝非行ということを押さえる。非行とは子どものいたずらではない。	ワークシート2

	生きていることを理解する。	・3つの非行とは，犯罪少年，触法少年，ぐ犯少年であり，このうち犯罪少年と触法少年の差は年齢で名称が変わるだけである。	
	4 班ごとに机を寄せ合い，ワークシート1の意見を順番に発表する。 ・振り分けられなかった番号はとばしていい。 5 ワークシート2の1，2を記入する（各5分）。 ・1が終わってから2に入る。 6 各班の発表，意見の食い違いや判断に困った内容も発表する。 7 発表を聞いて各班の意見に変更があるか確認	・発表の順番をはっきりさせる（例：班長から右回り。初めの人に手をあげさせて確認）。 ・前の人と意見の違う番号があればそれを言わせる。 ・聞いている人は口をはさまないこと。 ・多数決やいい加減な決め方，また，意見の強制にならないように事前に伝える。 ・他人の意見を否定しないこと。意見が割れたときは決定しないでよい（判断の相違）。 ・1と2は教師が時間を区切って取り組む。 ・黒板に書かせたり，模造紙を班に1枚用意して書かせてもいい。 ・発表者・記入者等を事前に決めておくといい。 ・違う理由があったことに気づけばいいので，あまり時間をとらなくていい。	模造紙
まとめ（10分）	8 教師の模範解答を聞く（5分）。 ・悪いことでも度を超すと犯罪になることや，甘い考えが大きな犯罪につながることがあることを理解する。 9 振り返りシートに記入する。	〈犯罪になる行為〉 ・殴る－傷害罪，暴行罪 ・自転車を持って帰る－窃盗罪，占有離脱物横領罪 ・万引きの見張り－（知っていての見張り）窃盗罪，（知らないでの見張り）幇助罪 ・6センチ以上の刃物の持ち歩き－銃刀法違反，6センチ以下でも隠し持てば－軽犯罪法違反 ・善悪の判断が人によって分かれること，また，今日出た意見を参考に，日ごろの自分の行動を振り返るように促す。 ・記入後に回収したものを教師が活字にまとめ，後日配布する。	振り返りシート

● 評 価

1 犯罪と非行，3つの種類を理解することができたか。 振り返りシート 発表

2 犯罪行為を判断できるようになったか。 ワークシート 観察

3 判断基準は人により違うことが理解できたか。 観察 発表

［参考図書］押切久遠著『クラスでできる非行予防エクササイズ 子どもたちの後悔しない人生のために』2001年，図書文化社

| ワークシート1 | 非行さがし〜非行を防ぐためのエクササイズ〜 |

　　　　　　　　　　　　　　　　　　　　組　名前

●次にあげる行動例を,「悪くないこと」「悪いこと」「悪いことの中でも非行になること」に分けてみましょう。

＜行動例＞
① みんなが並んで待っている列に, こっそりと割り込む。
② 相手が頭にくることを言ったので殴る。
③ 電車でお年寄りが目の前に立ったのに, 席をゆずらない。
④ 高熱が出たので, 大切なテストを休む。
⑤ 駅前に何日も放ってあっただれかの自転車を, 勝手に持って帰る。
⑥ 友達の万引きがうまくいくように見張りを手伝う。
⑦ 困っている人がいたのに, 急いでいたから知らんぷりをする。
⑧ 試合で, わざとではないが相手にぶつかって怪我をさせてしまった。
⑨ 用もないのにナイフを持ち歩く。
⑩ 青信号で横断していたら, 急に車が曲がってきて, ひかれそうになった。
⑪ 気に入らない友人がいたので, 友達と一緒に無視をした。
⑫ 友達がいじめられていたが, 自分は止めるわけではなく笑っていた。
⑬ いやがる相手に格闘ごっこをしかけた。
⑭ ケンカをしている友達を止めようとして, 殴った。
⑮ 家出を繰り返す。
⑯ 夜遊びを繰り返すなど親の言いつけを守らない。
⑰ 薬物を使用している友人と一緒にいることが多い。
⑱ 授業中他人に迷惑をかけたことを注意されたので, あとで呼び出して脅かした。
⑲ きまりを守らないことを先生に告げ口しないように口止めをした。
⑳ 友達にタバコを吸うように勧めた。

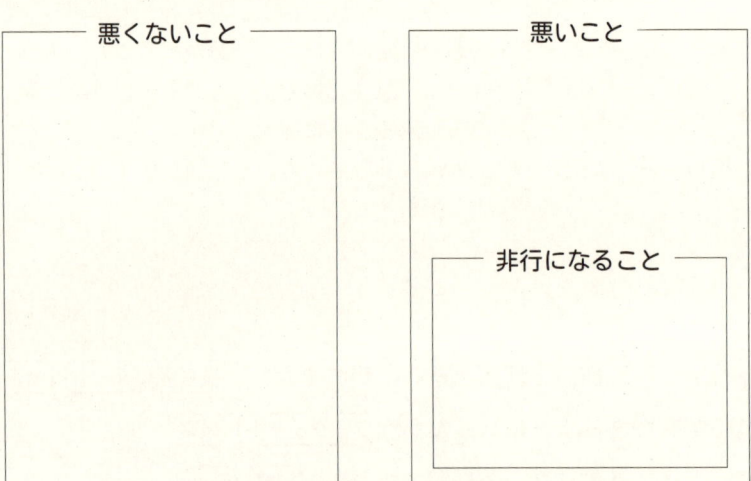

[出典] 押切久遠著『クラスでできる非行予防エクササイズ　子どもたちの後悔しない人生のために』2001年, 図書文化社, p.94をもとに作成

ワークシート2	非行とは？

●法を犯し，刑罰の対象となる行いをしたもの，すなわち
大人→犯罪者。20歳以下の場合→非行少年

	刑罰法令に違反	ぐ犯事由に該当
20歳以上	成人の犯罪者	
20歳未満 14歳以上	犯罪少年 犯した罪に対し責任を問える年齢。	ぐ犯少年 大人の場合は犯罪とはならない。放置しておくと犯罪に至る可能性の高い行為をした少年のこと。・正当な理由がなく家に寄りつかない。・保護者の正当な監督に服しない性癖のあること。・犯罪性もしくは不道徳な人と交際し，またはいかがわしい場所に出入りすること。・自己または他人の徳性を害する行為をする性癖のあること。
14歳未満	触法少年 犯罪にあたる行為をしても責任を問えない。→場合によっては少年法上の処分も可能。	

・非行……①（　　　　　）②（　　　　　）③（　　　　　　）の3種類がある。

1　班内で自分の考えを順番に発表し，意見交換をしながら班の意見としてまとめましょう。番号で書きましょう。

犯罪ではない行為	悪いが犯罪ではない	犯罪（非行となる行為）

2　あなたが13歳だとしたら，ワークシートの1で行った振り分けを見て犯罪になる行為は上の触法少年，ぐ犯少年のどれにあたるか考えてみましょう。番号で書きましょう。

触法少年	
ぐ犯罪少年	

振り返りシート

1　今日のエクササイズはためになりましたか？

```
5           4           3           2           1
|-----------|-----------|-----------|-----------|
とても      まあまあ     ふつう       あまり      全然
```

2　積極的に参加できましたか？

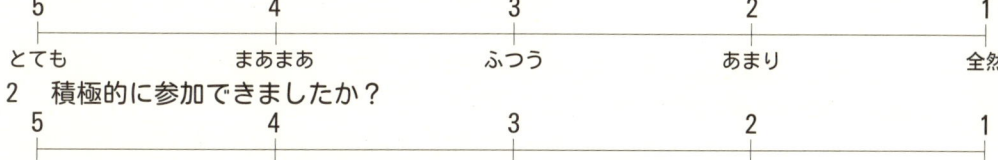

3　ねらいをどれくらい達成できましたか？

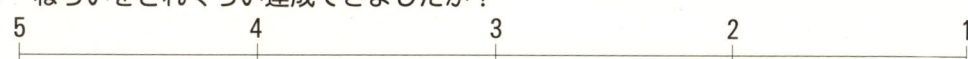

4　今日のエクササイズ全体を通して感じたことを何でも書いてください。

●第2章 社会性を育てる授業の指導案35

33 課題をよりよく解決しよう
～班員全員の「合意」のもとで～

身につけさせたいスキル等
- ●自己主張 ●判断力
- ●協調性

●ねらい
1. 自分の考えを大切にしながらも，他者の意見や考え方を受け入れることができる。
2. よりよい「課題解決」のためには「合意」が必要なことを体験的に学ぶことができる。

●本時の授業
<グループ・ワークの内容について>
・本課題は，「ウインター・サバイバル」を，中学校の授業（50分間）で実施できるように，内容や時間配分を一部変えたワークシートに作成し直したものである。

<展　開>

	学習活動の内容	指導上の留意点	資料など
導入（7分）	1　本時のねらいと授業の進め方を知る（2分）。 ・ワークシートを読む。 2　小講義を受ける（5分）。 ※質疑応答を含む	「今日は，決断の方法について学習します。非常事態に直面したときどうしますか？」 ・休み時間のうちに，班隊形となるよう机の移動をすませ，授業の流れ（時間配分）は，掲示物で提示する。	ワークシート 資　料 授業の流れの掲示
展開1（25分）	3　ワークシートに記入する（5分）。 ・5品目を選び順位づけを行う。 4　グループ内で個人発表を順番に行う（6分）。 5　グループ討議とグループ決定を行う（14分）。	・個人作業で取り組む。 ・ワークシートの進め方がわからない生徒には，個別支援をする。 ・準備できれば，15品目の実物を展示する。 ・1人の発表時間は1分。聞いている生徒にはメモを取らせ，しっかりと聞かせる。 ・全員が発表したら，その結果を参考に，グループで話し合いをさせる。 「グループで話し合いをして，全員が納得のいくような決断を導き出してください。グループのコンセンサス（合意）は，簡単には形成されません。お互いによく話し合って，それぞれの立場や考え方を認め合い，グループとしての結	ワークシート 15品目の実物

	・発表に備えて，グループの代表者を1名決める。	果を決めてください」 ・各グループの話し合いの様子を観察し，必要に応じて介入する。 ・発表用の結果記入表を黒板に書いておく。	
展開2 (15分)	6　グループごとに代表者が発表をする（6分）。 7　正解を聞き，グループ討議の「振り返り」を行う（9分）。 ・課題解決のアイデアを考える。	・黒板の結果一覧表に基づいて，早く結果を出したグループから発表を進めていく。 ・1グループの発表時間は1分程度。 ・「冬山の遭難に詳しい専門家」の答えを正解とすることを知らせ，グループ討議の振り返りで参考にさせるようにする。 ・正解は理由を含めて4分で発表する。 ・各グループの違いが見えるように，黒板の結果一覧表は残しておく。 ・どのような話し合いで，よりよい課題解決ができるか，アイデアを2つ以上出させる。	
まとめ(3分)	8　「振り返り」を踏まえての小講義を受ける。	・メモ程度の感想用紙を準備し，記入後回収する。	振り返りシート 資　料

＜正解とその理由＞

1位　Cライター：寒さを防ぐのに役立つ（ものを燃やせる）。夜には明かりとなり，昼間では煙により，救助隊に居場所を知らせることができる。

2位　B金属たわし：火をおこすのに用いる。スチール・ウールは少々濡れていても，ライターで火をつけることができ，すぐに燃えてくれるので便利。

3位　N着替え用下着：多機能（合図，火をつける，温かさを保つという三拍子）である。

4位　Kチョコレート：身体のエネルギー源になる。

5位　Oショートニングの缶：種々の有効使用（缶のフタを太陽光線の反射に使える。身体に塗りつければ露出部分を凍傷から守ることができる。油を溶かして燃やせるので，衣類を芯にローソク代わりにできる。缶に雪を入れ，飲料水を作ることができる）。

●評　価

1　自分の考えを大切にしながらも，他者の意見や考え方を受け入れることができたか。
　[観察] [振り返りシート]

2　課題解決のためには，班員で協力し，「合意」することが必要なことを理解できたか。
　[観察] [振り返りシート]

［出典］坂口順治著『実践・教育訓練ゲーム』1989年，生産性出版，pp.148～pp.161「ウインター・サバイバル」を改題，改定

資料 　　　　　　　　課題をよりよく解決しよう

●会場準備と必要グループ数

① 会場──普通教室。生活班ごとに班隊形をつくる。

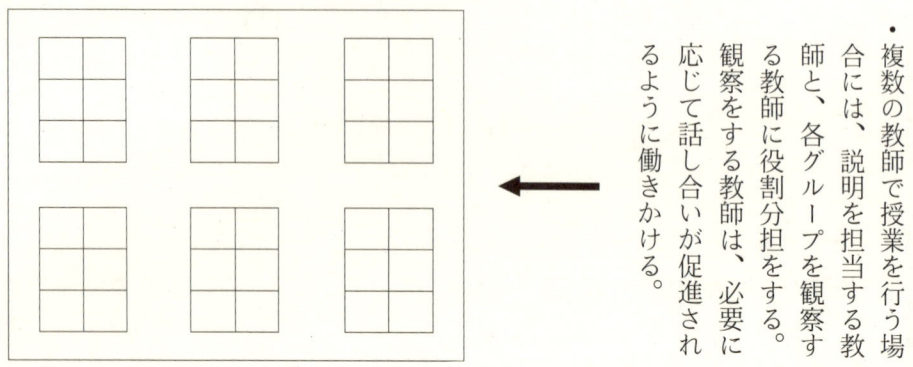

・複数の教師で授業を行う場合には、説明を担当する教師と、各グループを観察する教師に役割分担をする。観察をする教師は、必要に応じて話し合いが促進されるように働きかける。

② 人数──1つの班，5〜7名程度が適当である。

●導入の小講義の内容例

　本課題は，「不時着した飛行機から脱出して助かるために」という架空場面を通して，何が必要であるかをグループで決定する問題解決学習として授業を実施します。グループの意思決定をするためには，さまざまな方法があります。例えば，グループの討議なしで1人が決断する方法，多数決で決める方法……等。ここでは，コンセンサス（合意）という方法を体験的に学んでいきます。コンセンサスによる意思決定は，個々の意見を述べ，グループの討議を十分に尽くしたのち，メンバー全員が納得できる決定をしていく方法です。時間はかかりますが，メンバーの意見交流が深まることによって心理的距離が近づくこと，時間制限により相互にまとまろうとすること，情報量を増やすことにより問題状況を明確化できること，よりよい解決を得るためにグループが一致協力する力が発揮されるなどの利点があります。「3人寄らば文殊の知恵」にたとえられるようにコンセンサスを形成し，望ましい解決をめざして臨んでください。

●まとめの講話例

　本日の課題は，集団決定における時間と質の問題を扱っています。一般的には，独断よりも時間がかかるものの，コンセンサスのほうが決断の質が高いといわれています。しかしながら，時と場合と場所によっては，全員が納得のいく話し合いから得られた決断が効果的であるといえないこともあります。いま，学んできたことは，話し合うことを通して，相互の信頼関係が深まり，信頼関係の形成が，よりよい決断，課題解決へ導くはたらきをするということです。

　決断の質──→1人の決断＜個人の平均＜少数の支配＜多数決＜コンセンサス
　必要時間──→1人の決断＜個人の平均＜少数の支配＜多数決＜コンセンサス

| ワークシート | 厳寒の森からの脱出 |

組　名前

　あなたの乗っている飛行機は，悪天候のためにたったいま不時着しました。ここは，アメリカ・ミネソタ州の北部とカナダのマニトバ州南部との国境線あたりの森の中です。1月の中旬，午前10時33分。小さな飛行機ですが，形だけは残っています。しかし，パイロットは不幸にも命を落としたようです。7名の乗客は幸いにも軽い傷程度で，一命をとりとめています。

　パイロットは，嵐のために予定のコースを外れて安全なコースを選んでいるように放送していましたが，突然に嵐に遭遇したようでした。不時着する直前の機内放送では，小さな町の北東約8km地点であることを確認しています。不時着した地点は深い森の中で，この地域は日中でも－25℃，夜間になると－40℃にもなるといいます。あなたは冬用の服装をしていますが，日本で冬の町を歩く程度のもので，防寒用の服装ではありません。通学用の靴をはき，オーバーを着ている程度なのです。このような状況から一刻も早く脱出して助かるように努力しなくてはいけません。まさしく命がけのたたかいです。

　そこで，飛行機の中から，なんとか使用できそうな下記のA～Oの15品目を見つけました。この中からあなたたちが生きるために重要で必要と感じたものを5つ選んで下の表に○をつけてください。

◎あとで，自分・班の判断と，サバイバル経験豊かな人の判断を比較します。あなたの班の判断は，どこまで適切でしょうか。
◎集団決定(コンセンサス)の重要性を経験しよう。

	品　目	自分の判断		班員の判断	班の判断	経験豊富な人の判断
		選んだもの	選んだ理由(簡単に)			
A	緊急医療品					
B	金属たわし（スチール・ウール）					
C	ライター					
D	ピストル（1丁）					
E	新聞紙(各人の手元にある)					
F	方位磁石					
G	スキー用ストック（2本）					
H	果物ナイフ（1本）					
I	プラスチック製のこの地方の航海地図					
J	綿製のロープ（10m）					
K	大型のチョコレート(各人1枚ずつ)					
L	夜間照明用の電池					
M	ウイスキー（1びん）					
N	着替え用下着(各人一揃えずつ)					
O	製菓用ショートニング（1カン）					

[出典] 坂口順治著『実践・教育訓練ゲーム』1989年，生産性出版，pp.148～pp.161「ウインター・サバイバル」を改題，改定

34 本について語り合おう
～ブックトークを通して発表の基本を学ぶ～

身につけさせたいスキル等
- 発表力 ●話の聞き方
- 会話力

● ねらい

1. 「朝の読書」で読んだ本から1冊の本を選び，その本のよさを紹介することができる。
2. 紹介された本について，他者に伝えることができる。
3. さまざまな本の紹介を聞くことで，読書意欲を高めることができる。

● 本時の授業

＜「朝の読書」について＞

- ここ数年，全校一斉朝の読書を取り入れる学校が急増している。この教育活動は，林公氏が提唱・実践した「朝の読書」が公的にはそのさきがけであると思われる。
- ある実践校の実際を示した職員会議用の資料をP.143に示した。ここでの内容はA校での例示なので，教育活動に取り入れる際は，各校の実態に合わせて工夫していただきたい。

＜事前準備＞

- 授業前に，「朝の読書」で読んだ本について話をしてもらうことを予告しておく。
- 1人最低1冊は，本の紹介ができるように指示しておく。

＜展　開＞

	学習活動の内容	指導上の留意点	資料など
導入（8分）	1　本時のねらいや活動について知る。 2　2人組を作ってジャンケンする。 ・初めは，隣の席の人同士で行う。 ・相手をかえて，ジャンケンを繰り返す。	・ブックトークについて確認しておく。 ・時間を意識して活動するように指示する。 ・必ずパートナーチェンジをさせるように全体を見るようにする。 ・男女交互にパートナーをかえていくようにすると変化があってよい。 ・10人目のパートナーでストップさせる。	ストップウォッチ

展開（35分）	3　ブックトークの内容・ルールの説明を聞く。	<ルール>・話をしている人以外は，私語をしない。・質問や2度聞くことはしない。	課題とルールを板書提示
	4　ブックトークをする。・2人組で行う。1人2分程度で自分のお薦めの本について相手に伝える。　・書名，著者，あらすじ，よいと思った点など……・付近のペアと4人組になり，相手から聞いた内容を，新しく加わった別ペアに伝える。4人がそれぞれ同様に繰り返す。・最初にブックトークをしたペア同士で，話した内容が意に沿っていたかどうか，互いに確認する。・ペアは固定したまま，新しい4人組を作り，ブックトークの内容を伝え，確認することを繰り返す。	・教師の合図で始める。・話す人は，相手が聞きやすいように，しっかりと伝わるように話す。聞く人は，必要なことをメモしながら聞くようにさせる。・ルールがきちんと守られているか注意する。・話す人は，相手が聞きやすいように，しっかりと伝わるように話す。聞く人は，必要なことをメモしながら聞くようにする。・ルールがきちんと守られているか注意する。・次のトークに生かせるような話し合いとなるように指示する。・状況に応じて，早く終わったところは他のグループを無言で観察させてもよい。・時間内に課題が達成できなかった（ワークシートが埋められなかった）グループのために時間を延長してもよい。	ワークシート
	5　代表の4人組のブックトークを聞く。・1組目の4人組・2組目の4人組	・全体の様子を観察しておき，2組（8人）に全員の前で発表させる。発表後は，やってみての感想を尋ねるとよい。・代表の生徒たちへ，温かな拍手をおくらせる。	
まとめ（7分）	6　振り返りシートに記入する。7　教師のまとめの話を聞く。	・時間に余裕がある場合には，他のグループの様子など，気づいたことを発表させる。・本時のブックトークで新たな本との出会いがあったことを確認させるようにする。	振り返りシート

●評　価

1　自分が「朝の読書」で読んだ本から1冊の本を選び，その本のよさを紹介することができたか。観察　ワークシート

2　紹介された本について，他者に伝えることができたか。観察　振り返りシート

3　さまざまな本の紹介を聞くことで，読書意欲を高めることができたか。観察　振り返りシート

ワークシート	本について語り合おう

組　名前　_____

●メモにまとめながら話を聞いてみよう。

生徒名	書名・著者	「あらすじ」や「よさ」など

振り返りシート

組　名前　_____

●今日の授業を思い出して、次の項目について記入してください。

1　あなたはこの授業に積極的に参加できましたか。

5　　　　　4　　　　　3　　　　　2　　　　　1
とても　　まあまあ　　ふつう　　あまり　　全然

2　グループの仲間は積極的に参加していましたか。

5　　　　　4　　　　　3　　　　　2　　　　　1

3　あなたは言いたいことが言えましたか。

5　　　　　4　　　　　3　　　　　2　　　　　1

4　グループ内でお互いに聞き合うことができましたか。

5　　　　　4　　　　　3　　　　　2　　　　　1

5　その他、気づいたこと、感じたことを自由に書いてください。

資料 　　　　　　　　　朝の読書について

A中学校

時間	生徒の活動	教師の支援	留意点	備考
8:20	待機（着席）	出席確認	チャイムが鳴り終わったときの状態でジャージに着替え，バッグなどがロッカー内にあることを確認。	朝の会
8:25	朝の読書開始	朝の読書が定着するように集団指導，個別指導を適宜実施。	4原則 ・みんなで ・毎日10分間 ・好きな本を読む ・感想文などは求めない ※漫画は×，活字がルール	チャイムが鳴ります。
8:35	朝の読書終了	「終わります」と声をかけてください。		チャイムが鳴ります。

●朝の読書の工夫やヒント
・学級文庫
・図書室，図書館の利用
・読み聞かせ
・ブックトーク
・図書（本）紹介リレー
・定期的なアンケートの実施（集計して結果の分析と考察）

●なぜ「朝」なのか
　学校生活の始まりだからこそ，効果大
　遅刻が減る
　朝から気持ちが落ち着く

●なぜ「10分」なのか
　どんな子でも集中し，毎日続けられる時間
　学校で時間割上，どうにか確保できる時間

●なぜ「毎日」なのか
　何らかの力をつける最良の方法
　毎日，必ず本を（コツコツと）読む
　すべての子が確実に進歩
　自分で自分の進歩に驚く
　習慣の力の偉大さを身体で覚える
　他の行動にもいい波及効果が表れる
　基本的生活習慣の崩れを正していく

●「好きな本を」ということの教育論的意義
　興味・関心のあることを学べる
　自分に必要なことを学べる
　個性に合ったものを学べる
　自分の力に合ったものを学べる
　自主性，主体性が鍛えられる
　ほんとうの学習とは何かを教えられる

●「みんなで」ということの教育論的意義
　読書の時間を保障
　「無言の教育力」を発揮
　教師も率先垂範し教育
　生徒相互，生徒と教師のコミュニケーションが広がる

●第2章　社会性を育てる授業の指導案35

35 クラスの仲間からのメッセージ
～私の成長～

身につけさせたいスキル等
- 感謝　●自尊心
- 自己理解

●ねらい

1. 進級に向けて，1年間一緒に過ごした友達の言葉から，自分の成長を確認することができる。
2. 友達のよさや感謝の気持ちなど，一人一人を肯定的にみていくことができる。

●本時の授業

<展　開>

	学習活動の内容	指導上の留意点	資料など
導入（5分）	1　今日の学習の目的を知る。	・端的に授業の内容について説明する。 「今日の授業は1年間を振り返り，一緒に過ごしたクラスの友達へメッセージを書きます。メッセージを受け取った友達が，自分の成長を感じることができるようなメッセージを書くようにしてください」 ・これまでの授業の中で，生徒一人一人へメッセージを書く場面が多ければ，書き方等についても理解しやすく，早く取りかかれる。	黒板に掲示物
展開（40分）	2　メッセージカードの記入の方法を知る。	「配布したメッセージカードは生活班（グループ）全員の人の数だけあります」 「メッセージの内容ですが，例えば自分を助けてくれたり，クラスや班を和ませてくれたり，掃除をがんばってくれたり等，この1年間過ごしてきた友達，そして，みんなのよさを書いてください」	メッセージ用紙
	3　メッセージカードに記入する。	・うまくメッセージカードが記入できずにいる生徒への支援を行う。 ・机間巡視しながら，一人一人への声かけをす	

	4 メッセージカードの交換をする。 5 メッセージカードの内容を見る。	る。 「班へのメンバー（5～7人）へ書いたメッセージカードを一人一人に渡してください」 「班の友達からもらったカード，自分のメッセージカードはどうでしたか？　さて，今日の振り返りをしてみましょう」	
まとめ（5分）	6 振り返りを行う。 7 感想発表をする。 8 まとめの講話を聞く。	・振り返りシートに記入する。 「今日の授業から1年間で自分が成長したと感じられることがあれば発表してください」 ・授業のまとめの話をする。	振り返りシート

● 評　価

1　1年間過ごした友達の言葉から，自分の成長を確認することができたか。 (観察) (振り返りシート)

2　友達のよさや感謝の気持ちなど，一人一人を肯定的にみることができたか。 (観察) (振り返りシート)

［参考図書］國分康孝監・片野智治編『エンカウンターで学級が変わる　中学校編』1996年，図書文化社

私の成長～クラスの友達からのメッセージ～

_____組　名前_____

★一緒に過ごした友達へメッセージを書こう！★

★_____さんへ　★

★_____より

★クラスの人からメッセージ★

貼る

振り返りシート

組＿＿＿　名前＿＿＿＿＿＿＿

1　今日の「1年間の成長」は楽しかったですか。

```
5          4          3          2          1
とても      まあまあ    ふつう      あまり      全然
```

2　友達の成長を探すことはできましたか。

```
5          4          3          2          1
```

3　今日の内容はためになりましたか。

```
5          4          3          2          1
```

4　今日の「1年間の成長」を通して感じたこと・今後に生かしたいことなどを何でも書いてください。

```
┌─────────────────────────────────────┐
│                                     │
│                                     │
│                                     │
│                                     │
│                                     │
│                                     │
│                                     │
└─────────────────────────────────────┘
```

あとがき

　この本の構想を思いついたのは，埼玉県立総合教育センターに指導相談部の教育主幹として2度目の在職をしているときであった。はじめは，センターで開講されていたカウンセリング研修会を終了した教師の活躍の場を模索していたのである。この本の原型は，『埼玉教育』（平成14年5月号）で「これからの生徒指導」として提示していた。教師が，学校教育全体で取り組む「積極的な生徒指導」の方法として，教育課程の中で授業として実施できる方法を考えていた。

　また，日本学校教育相談学会埼玉特別講演会で，國分康孝・久子先生ご夫妻のお話を聞いたことが，具体化した経緯としてあげられる。講演会のあと，國分先生ご夫妻と中村孝太郎先生の4人で食事をし，そのときに，この構想をお話ししたのがきっかけである。

　國分康孝先生の著書『範は陸幼にあり』（講談社）の話をきっかけに始まったのだが，國分先生はもちろん久子先生が「おもしろい構想なので，学校で実践できたら大変意義のあることです」と勧めていただいたことをハッキリと覚えている。

　このような経緯をへて，埼玉県上尾市立南中学校（清水が校長）で実践することになった。生徒に社会性が欠如しているのであれば，「社会性を身につけるためのスキル教育」を教育課程の中に位置づけ，授業として，とくに，「総合的な学習の時間」の中に「学び方を学ぶ」として位置づけることも大切である。学習指導案（年間35時間）は3ヶ月かけて作成し，通知表の中にも取り入れた。

　荒っぽい言い方になるが，生徒は教えられていないから行動できないし，行動できないから自信がないのである。本書を作成したのは，自信をつけるためには，「わかる」「ほめる」「認める」という方向に変えていきたかったためである。

　さらに，教育課程の中に位置づける必要があるとされるスキル教育は，カウンセリングの技術をもった教師が担当できる。また，本書の示すプログラムをすべての教師が指導展開できるよう，教師の研修を促し，しっかりと広げていきたかったのである。

　プログラム作成は，埼玉県教育心理・教育相談研究会（清水が会長）において平成16年度に着手，平成17年度に6冊（小学校3冊，中学校3冊），平成18年度に3冊（小学校3冊）を完成した。さらに改訂し，今回このような形で発刊する次第である。これらの編集にあたっては，学校現場で実践できるように，編者清水が一貫してすべての原稿に手を加えた。執筆者と編集者の共同によって完成に至ったものである。

本書は，さいたま市教育相談研究所所長の金子保先生をはじめ，埼玉県教育心理・教育相談研究会の多くの先生方にご協力をいただいた。とくに，1年生は中村豊先生，2年生は小野田誠先生，3年生は大木剛先生が中心になって進めていただいた。その他多くの方々にご協力いただいたことに感謝を申し上げる。

　最後になるが，図書文化社の編集部東則孝さんには，上尾の南中学校にも来校いただいた。実際の編集作業を進めていただいた菅原佳子さんともども，感謝を申し上げる。ほんとうに，皆様方に感謝感謝である。

平成18年10月

上尾市立西中学校校長（上級教育カウンセラー・認定学校カウンセラー）

清水井一

◆**編集者**◆

しみず　せいいち
清水　井一　埼玉県上尾市立西中学校校長。昭和23年和歌山県生まれ。東洋大学文学部国文科卒業。公立中学校教諭，県立北教育センター指導主事，埼玉県教育局指導部指導第一課生徒指導係長，小学校校長，県立総合教育センター教育主幹を経て，中学校校長として現在2校目。
編集執筆「埼玉県教育心理研究会研究冊子『社会性を育てるスキル教育』」，分担執筆『学校の危機管理マニュアル』（東洋館出版社），『教師のコミュニケーション事典』（図書文化），『自己指導力・社会性を育てる生徒指導のPDCA』（教育開発研究所），『学校用語辞典』（ぎょうせい）など。

◆**編集協力者**◆

中村　　豊（鷲宮町立東中学校）

◆**執筆者**◆

清水　井一（上尾市立西中学校）
中村　　豊（鷲宮町立東中学校）
天笠万里子（富士見市立西中学校）
宇野　聡規（前妻沼町立妻沼東中学校　現在，熊谷市立妻沼東中学校）
小野田　誠（加須市立加須平成中学校）
倉持　智子（さいたま市立慈恩寺中学校）
黒川　範子（前北本市立西中学校　現在，北本市教育委員会）
須田　　亮（前富士見市立東中学校　現在，富士見市教育委員会）
長島　宏和（前東松山市立北中学校　現在，滑川町立滑川中学校）
中道　純子（川越市立養護学校）
栁　久美子（上尾市立南中学校）
山根　　明（草加市立新栄中学校）

◆**資料提供者**◆

沖野　信子（熊谷市立成田小学校）

（以上所属は2006年8月現在）

◆**監修者**◆

こくぶ　やすたか
國分　康孝　東京成徳大学教授。日本教育カウンセラー協会会長。日本カウンセリング学会会長。東京教育大学，同大学院を経てミシガン州立大学カウンセリング心理学専攻博士課程修了。Ph.D.。ライフワークは折衷主義，論理療法，構成的グループエンカウンター，サイコエジュケーション，教育カウンセラーの育成。著訳書多数。

社会性を育てるスキル教育 35時間　中学1年生

2006年11月1日　初版第1刷発行
2013年1月20日　初版第5刷発行

監修者……國分康孝
編者……Ⓒ清水井一
発行人……村主典英
発行所……株式会社 図書文化社
〒112-0012 東京都文京区大塚1-4-15
TEL 03-3943-2511　FAX 03-3943-2519
振替　00160-7-67697
http://www.toshobunka.co.jp/
印刷……株式会社　高千穂印刷所
製本……株式会社　村上製本所
装幀……たかはしふみお

乱丁・落丁の場合は，お取り替えいたします。
定価はカバーに表示してあります。
ISBN978-4-8100-6480-3　C3337

構成的グループエンカウンターの本

必読の基本図書

構成的グループエンカウンター事典
國分康孝・國分久子総編集　A5判　**本体:6,000円**＋税

教師のためのエンカウンター入門
片野智治著　A5判　**本体:1,000円**＋税

自分と向き合う!究極のエンカウンター
國分康孝・國分久子編著　B6判　**本体:1,800円**＋税

エンカウンターとは何か　教師が学校で生かすために
國分康孝ほか共著　B6判　**本体:1,600円**＋税

エンカウンター スキルアップ　ホンネで語る「リーダーブック」
國分康孝ほか編　B6判　**本体:1,800円**＋税

エンカウンターで学校を創る
國分康孝監修　B5判　**本体:2,600円**＋税

目的に応じたエンカウンターの活用

エンカウンターで保護者会が変わる　小学校編・中学校編
國分康孝・國分久子監修　B5判　**本体:各2,200円**＋税

エンカウンターで不登校対応が変わる
國分康孝・國分久子監修　B5判　**本体:2,400円**＋税

エンカウンターで進路指導が変わる
片野智治編集代表　B5判　**本体:2,700円**＋税

エンカウンターで学級づくりスタートダッシュ　小学校編・中学校編
諸富祥彦ほか編著　B5判　**本体:各2,300円**＋税

エンカウンター　こんなときこうする!　小学校編・中学校編
諸富祥彦ほか編著　B5判　**本体:各2,000円**＋税　ヒントいっぱいの実践記録集

どんな学級にも使えるエンカウンター20選・中学校
國分康孝・國分久子監修　明里康弘著　B5判　**本体:2,000円**＋税

多彩なエクササイズ集

エンカウンターで学級が変わる　小学校編　中学校編　Part1～3
國分康孝監修　全3冊　B5判　**本体:各2,500円**＋税　Part1のみ**本体:各2,233円**＋税

エンカウンターで学級が変わる　高等学校編
國分康孝監修　B5判　**本体:2,800円**＋税

エンカウンターで学級が変わる　ショートエクササイズ集　Part1～2
國分康孝監修　B5判　**本体:①2,500円**＋税　**②2,300円**＋税

図書文化

※定価には別途消費税がかかります